新版

役員

星野雄滋 公認会計士事務所 星野 雄滋
有限責任監査法人トーマツ
矢澤 浩・松林 和彦・三村 健司

1年目の

デロイト トーマツ税理士法人
高橋 勲

教科書

ロギカ書房

新版によせて（本書の全体像）

　2018年12月に初版を発行してから、2年以上経過しましたが、その間様々な環境変化がありました。キーワードを並べると以下の点があげられます。

- ・新型コロナウィルス
- ・リモートワーク（テレワーク）
- ・ステークホルダー主義
- ・ESG と SDGs
- ・役員報酬決定方針の開示
- ・デジタルトランスフォーメーション DX
- ・独自性の追求・確立

　何と言っても最初にあげられるのは、2020年1月に日本で初めて感染が確認された新型コロナウィルスにより、日常生活、会社での勤務形態、経済活動が一変したことです。ワクチンが開発された現在においてもその脅威・リスクがなくなったわけではありません。今後もリモートワーク（テレワーク）が定着していくものと思われます。

　そして、リモートワークによって採用の仕方も評価も育成も働き方も全て変わってきました。これらニューノーマルを見据えた人財マネジメント改革の重要性を改めて認識する必要があります。

　一方で、企業経営（企業統治）に関しても大きな転換・見直しが行われました。2019年8月、米企業の規範だった「企業は主に株主のために存在する」という従来の「株主第一主義」の修正が行われ、従業員や地域社会等ステークホルダーの利益を尊重することを企業の目的としたステークホルダー主義の経営が宣言されました。このことは我が国でも ESG や SDGs への取組みを一層促進させるきっかけになっています。また、2021年3月施行の改正会社法・同施行規則では、役員報酬決定方針の開示が拡充されています。

そしてデジタルトランスフォーメーション DX も話題を呼びました。DX は、IT を活用したビジネスモデルの変革や、それに伴う業務、組織などの変革を言い、デジタル化によりあらゆるものがネットにつながる IoT や AI（人工知能）を使って生産性の向上を目指すことでもあります。例えば実店舗を持つ小売業がネット上で商品を購入できるようにしたり、AI を活用しスマホで商品を提案するのもその一例です。また、オフィス業務が中心の会社がテレワークに対応するためプロセスを見直し（例えばハンコ等の古い承認プロセスの廃止）たりすることも一例です。

　しかし一方で、このような経済のデジタル化は、模倣が容易になることでもあります。つまり、実店舗とネット販売も、AI によるスマホ提案も、プロセスの見直しも、似たようなやり方を各社ができるようになります。思いもよらぬ創造や破壊が起きる可能性もあります。したがって、このような時代では、模倣や破壊されないために、他社がなしえない独自性の追求・確立が重要課題となります。

　以上をふまえ、新版では、下記の項目を役員 1 年目の皆様にお伝えしたい内容として追加しました。

- 独自性の追求・確立
  - ⇒第 1 章④として追加
- ニューノーマルを見据えた人財マネジメント改革
  - ⇒第 2 章を全般的に見直し
- デジタルトランスフォーメーション DX の本書における取扱い
  - ⇒第 6 章前段に追加
- ニューノーマル下の経営
  - ⇒第 7 章④として追加
- ステークホルダー主義
  - ⇒第 8 章として追加
- ESG と SDGs

⇒第8章として追加

また、既存の項目についても、適宜改訂を行っています。

　改めて、経営課題は、経営上の普遍的なテーマと、環境変化により認識すべきテーマの2つに大別できると思います。環境変化により認識すべきテーマには、今後普遍的なテーマに位置づけられるテーマもあるでしょう（ステークホルダー主義やESG/SDGsなど）。

　経営者たる役員1年目の皆様にとって重要なことは、これらの経営課題をもれなくしっかり認識し、自社における重要性や優先順位をつけながら、全体を俯瞰する力・大局観であると思います。

　以下に、経営課題の俯瞰図と、役員1年目の皆様がおさえるべき基本テーマを示しますので、ご活用いただければと思います。

経営課題の俯瞰と役員1年目がおさえるべき基本テーマ

図の中で、■箇所が、本書で取り上げた基本テーマになります（項目によって濃淡があります）。※下記対比表参照。

□箇所は、主として取締役会（取締役）で議論すべきテーマであり、一部、各事業トップ（担当役員）の所管テーマ（ビジネスプロセス革新等）も含まれていることから、本書では取り上げていません。

　本新版が、役員１年目の皆様の経営知識の更なる向上と、より一層経営実務のお役に立てれば幸いです。

　2021年３月

執筆者代表　星野　雄滋

※対比表

目次	全体像（基本テーマ）
第1章　経営理念とビジョンの浸透、戦略の立案	■理念・価値観の浸透 ■強みを活かす＆すてる ■「顧客」と「提供価値」 ■独自性の追求と確立
第2章　人財の採用と育成のコツ	■人財採用方針・計画 ■キャリアパス（ローテーション） ■リーダー＆人財育成計画 ■モチベーションの向上 ■人事制度の運用 ■労務コンプライアンス ■働き方
第3章　会計の勘所、役員がおさえておくべき会計ルール	■財務／管理会計・税務エッセンス ■資本効率モニタリング
第4章　管理会計のポイント	■投資意思決定（投資評価） ■撤退（基準）・会計ルール ■経済資源の配分
第5章　経営目標達成のためのマネジメント	■経営目標・予算管理
第6章　情報をお金に換える	■情報をお金に換える仕組み ■経営情報と情報技術の活用
第7章　経営の三大リスクとニューノーマル下の経営	■グループ行動規範 ■健康経営
第8章　持続可能経営	■ESG／SDGs ■ステークホルダー主義 ■多様性 ■生産性／労働分配率

＜ディスクレーマー＞

　星野雄滋が執筆した以下項目の内容は、私見であり、デロイト トーマツ グループの公式見解ではないこと、および、同グループの発信情報とも一切関係のないことをお断りしておきます。

はじめに

　読者の皆さん、本書をご覧いただきありがとうございます。

　はじめに、なぜ「役員１年目の教科書」という本を執筆するに至ったか、その理由をお話ししたいと思います。

　「役員になれる部長の仕事」や「取締役の役割」といったような本はありますが、役員１年目を対象にしたズバリの本はありません。また新任役員研修を行う教育機関も多く、新任役員は大概そのような研修を受けていることでしょう。

　では、なぜ役員１年目の教科書が必要か。それは経営環境の変化とガバナンスの強化という観点から捉えることができます。

　企業経営の国際化・ボーダレス化、経営環境の変化が常態化しスピードも速く時に激変する時代、それに呼応する形で進展する AI の活用、さらに価値観や人財の多様性、働き方改革が叫ばれている時代においては、役員１年目から環境変化に対応した経営が求められます。その意味では役員１年目も10年目もその使命と役割に大差はありません。

　端的に言えば１年目から「経営者の立場」で経営することが必要な時代と言えます。役員が１人でも過去の延長線上の意識で仕事をしたら、大変化の時代に対応することはできず、１年目の役員でも経営のプロとして、経営にあたらなければなりません。そのためには、役員には、覚悟、胆識が求められ、それを担保する経営力が必要なのです。

　また、１年目の役員が経営の中枢で機能する組織は、役員間の中で刺激と活性化が進み、高齢の役員が、顧問や相談役として末長く残るようなこともありません。役員１年目の教科書は、役員会が活性化すること、ガバナンスが一層有効に機能することも目的としています。

　それでは、役員１年目から「経営者の立場」で経営するためには何が必要か、その指針を示すことが本書の目的であり、下記のテーマで構成しています。

1．まずは確固たる軸を持ち、経営の基本形をおさえていること（1章）
2．その上で、変化に迅速かつ的確に対応しかつ変化を機会に転換することができること（1章）
3．周囲を巻き込み、従業員の能力と強みを最大限に活かし成長させるリーダーシップとマネジメント力があること（2章）
4．ビジネスを数字で語り、稼ぐ力とガバナンス（意思決定の合理性・客観性）を向上させることができること（3章、4章、5章）
5．情報社会の変化・進展に適応し、特にAIの有効活用と現場主義を上手く融合させ、価値を生み出すことができること（6章）
6．コンプライアンスの重要性を理解した上で、果断にリスクをとり、持続的に成長させることができること（7章）

本書が、役員1年目の皆様の経営知識の向上と経営実務のお役に立てれば幸いです。

2018年10月

執筆者代表　星野　雄滋

目次

第1章　まとめ　

第2章
人財の採用と育成のコツ

第3章
会計の勘所（経営者目線、役員はここを視る）、
役員がおさえておくべき会計ルール

第7章
経営の三大リスクとニューノーマル下の経営

第1章

経営理念と
ビジョンの浸透、
戦略の立案

①　経営理念・方針の浸透

自分の思いを伝える

　ドラッカーは、経営者は、ミッションの伝達・浸透に全身全霊をかけなければならないと言っています。組織が大きくなり従業員が増えるにつれ、経営者が従業員に直接浸透することが難しくなります。そのため役員が経営者の立場に立って十分に浸透させねばなりません。しかも相手が咀嚼できるように噛み砕いて伝えることが重要です。

　理念や方針がちゃんと相手に伝わっているかどうか、時々確かめることも大切です。

　自分ではしっかり伝えていたと思っていても、相手が十分理解していなかったり、または心底納得していなかったということも少なくありません。役員に就任したことを機に自分のポリシーやカラーを積極的に発信していくことはいいことですが、それが今の従業員にどの程度受け入れられているか、彼らの共感を得られて初めて物事を前に進めることができます。そこで伝達が一方通行にならないようにすることがポイントです。

　ここで経営の神様と言われた松下幸之助氏が、自身の思いを伝える際にどのような会話に心がけたかを紹介します。

三段階での思いの伝達

ⅰ　声をかける

　最初に行うのは、声かけです。話題は何でもよいのでとにかく声かけです。「最近どう？順調？」など身近なことでよいですので、まめに声をかけるようにしましょう。声をかけられた従業員はそれだけでうれしくなるものです。明日からもっと頑張ろうと思うものです。

　また、役員としては経営者として全体を見渡す立場ですので、自身の

事業部門だけでなく、他部門の従業員（特に管理職）にも目を配り、声をかけることが大切です。役員となれば部下は直属の部門の従業員だけでなく、全従業員が部下であるという認識が必要です。全従業員の幸せを実現するのが役員のミッションであり、役員は常にその意識をもって従業員と接することが大切です。

ⅱ　ものを尋ねる

気軽に声をかけた後は、ものを尋ねることが大切です。今、どんな仕事を行い、抱えている問題はないのか、仕事は充実しているか、やりがいはあるのかといったことを真剣に尋ね、話し合うことが大切です。

もちろんこうしたことは直属の部門長が対応することですが、時には役員自らものを尋ねていくことが重要です。従業員としては役員が親身になって自分のことを考えていてくれることがわかっただけでも励みになりますし、仕事は大変だけど会社にもっと貢献したいという気にもなります。

役員としてもその部門の従業員が抱えている課題が、実は全社的な課題につながっていることを把握できる機会にもなります。日々の地道で真摯なコミュニケーションこそが、問題や課題の把握の出発点と言えます。

ⅲ　自分の思いを伝える

最後のステップが、自分の思いを伝えることです。

役員になったからといって、一方的に自分の思いだけを伝えて、従業員をついてこさせるというやり方では、従業員は心底から納得し、やる気をもってついてくることはないでしょう。日ごろの声かけや、時に親身になって心配してくれるという、上司と部下の良好な関係が整備されているからこそ、本当の意味で役員の思いや考えが伝わるのだと思います。

松下幸之助氏の従業員へのおもいの伝え方

まずは	とにかく声をかける
つぎに	積極的にものを尋ねる
そして	自分の思いを伝える

　また思いを伝える際は、従業員が将来に希望がもてるような夢を語っていただきたいと思います。役員の使命は、従業員の将来の不安の解消であり、夢と希望がもてる将来を創り上げることです。だからこそ役員は従業員に真剣な思いを伝えなければならず、その思いに従業員が共感すること・共鳴できることが大切なのです。

経営理念の浸透・実践

　企業理念を浸透させるだけではなく、従業員の共鳴を呼び起こすレベルまで持っていきたいとするオムロン（創業者・立石一真氏）の事例を紹介します。（Diamond Harvard Business Review October 2020より一部抜粋・編集）

　「企業は社会の公器である」（松下幸之助氏）という企業の公器性に共鳴して創業者により制定された社憲（企業理念）が社員に伝わってこそ価値があるとし、そのための具体的活動をされています。

- ・会長がゼネラルマネジャークラスの海外社員と語り合う「企業理念ミッショナリーダイアログ」
- ・社長が事業所単位で12～13人に社員と対話する「社長車座」
- ・経営陣がグローバル全社員の生の声を聴くためのエンゲージメントサーベイ
- ・チーム単位で企業理念の実践に取り組み、表彰する制度「TOGA」（The OMRON Global Awards）

　上記の中でも最も効果があるとされている「TOGA」について説明します。

　TOGA は、世界中のオムロン社員による企業理念実践へのチャレンジを共有し、その取り組みを通じて企業理念の実践に共鳴する人たちを増やしていくための活動です。

　「TOGA」には3つの特徴があります。（詳細はオムロン HP を参照）

・プロセス重視

　結果もさることながら、結果を出すための理念実践のプロセスを重視。

・評価内容

　結果・成果だけでなく、達成過程でのチャレンジ（*）や企業理念に基づく行動を評価。

・表出と共鳴

　自らチャレンジ宣言し、言葉・行動として表現すること（表出）。そして、お互いの取り組みを共有し、周りの言動から刺激を受け、自らも行動に移していくこと（共鳴）。

　（*）チャレンジを称えるため、失敗した事例においても果敢にチャレンジしたこと、失敗の中から学び取ったことを評価する表彰カテゴリーを設けるなどさまざまな理念実践を称え合う工夫をしています。

　そして、TOGA は企業理念の実践と共鳴のほかに、「ほめる文化をつくる」という重要な目的があります。国や事業の壁を越えて組まれたチームによる活動の発表・審議を通じて、ほめ合い・ほめられることでモチベーションが向上した社員がアンバサダー（大使）となることで、さらに企業理念の実践が社内に浸透されていきます。

　通常、表彰制度というと、業務改善等のアイデア・施策を提案し優れたものを表彰するということが思い浮かびますが、企業理念実践へのチャレンジと位置づけている点やチームによる取組みを表彰するということはと

ても独創的であり、企業理念の実践・浸透・共鳴をいかに重要視している
かがよくわかります。

　実際、企業理念が重要なことは頭でわかっていてもなかなか実践できな
いということや、実践しているのは一部の社員がさりげなく行っているだ
けでそのよさが目立たないということは肌感覚としてあるのではないかと
思います。それをみんなで実践していこうというチャレンジングな仕組み
にすれば、実践しやすくなり、ほめる文化をつくれば、実践したくなる、
そのように捉えていくことが真の意味で企業理念が浸透していくことにな
ると思います。

　改めて、企業理念の浸透・実践についてポイントをまとめると以下のよ
うになります。

企業理念が真の意味で浸透し実践されていくためには

経営陣と社員の間で共鳴することが最も大事

共鳴するには

企業理念の実践をチャレンジと位置づけること

国や事業の壁を越えてチームで実践すること

その取り組みをほめ合い、表彰すること

世界中の社員に企業理念が浸透し、主体的な実践の輪が広がる

原点に立ち返る（お題目では動かない）

　少子高齢化・生産人口の減少など労働問題や環境問題等の社会の課題に
取り組むことが一層求められてきています。SDGsへの取組みが身近に

なってきている中で「わが社も地域や社会の課題に取り組み貢献しよう」と社内に発信しても、それだけでは従業員の動機付けにはなりません。

なぜそれに取り組むことが重要なのか、その意義や目的を従業員が腹落ちし、自らの役割を理解して進んで取り組むようにならなければなりません。

そのためには「企業は社会の公器である」「企業の基本的使命は、世のため・人のために役立つことである」という企業の使命感に立ち返り、それと自社の経営理念に基づいて、取り組むことの意義や重要性を役員自ら、直接語りかけることが重要です。

取り組む際は、本業の一環として位置づけることが重要です。なぜなら本業と別枠あるいは関連性が薄い領域での取組みは、別物意識や、やらされ感が先に立ち、意図した効果が期待できないからです。

ある地域スーパーK社の事例です。

K社では、地域の清掃やリサイクルへの協力など行っていましたが、本業との兼ね合いで地域に貢献できることはないかを検討しました。

検討にあたっては、トップダウンで決めるのではなく、中堅若手が部門横断でプロジェクトチームを作り、地域のお悩みや課題を把握することからスタートしました。

「過疎地の高齢者は、1人で買い物に出かけるのも大変である。」
「近所の生産者でこんな美味しいものを作っているが、普通にお店では買えない。」

前者の事例は、いわゆる買い物弱者への対応です。K社では、一部の店舗で注文による配達を始めました。すると評判が伝わり、注文者が徐々に増えていき、ビジネスとしても配達サービスとして定着しました。

後者の事例では、「地域のお宝発見」と題して、全従業員が、この活動に取り組みました。この活動を通じて、「地域にはまだ知られていない良いものがこんなにあるんだ」との認識を新たにし、生産者と協働して、地

域の素晴らしい商品が、お店でお客様の手に届くようになりました。地域のお宝が埋もれることがなく、お客様に喜ばれる商品として会社の売上にも貢献していく、まさに本業の一環としての、地域貢献活動です。

　また、これは有名な近江商人の「三方よし」の精神そのものです。「売り手よし」「買い手よし」「世間よし」です。近江商人は「三方よし」をモットーに、自らの利益のみを求めることなく、多くの人に喜ばれる商品を提供し続けました。「商いは自らの利益のみならず、買い手である顧客はもちろん、世の中にとっても良いものであるべきだ」という現代の経営哲学にも通じる考え方なのです。

　会社もお客様も生産者も、全員がハッピーになれるのです。そのような商売こそが繁栄し企業が持続的に成長していくことができるのです。

　K社の事例では、全従業員参加によるプロジェクトチーム活動をとったことが成功の要因と言えます。なぜなら、会社からの一歩的な押し付けでなく、従業員自らが地域の課題解決に取り組むことの意義を肌で実感することができるのが、真の意味で会社として地域・社会に貢献していると言えるからです。

　以下が部門横断によるプロジェクト活動の効果です。

部門横断プロジェクトの効果（経営トップ～従業員）

部門横断プロジェクトの効果

❶ 経営トップ（社長・役員）のメリット

◆ビジョンの実現につながる
・独自性強化へ一層の推進ができる。
・顧客満足や地域貢献の機会を得られる。
◆全体最適思考と行動を醸成できる
・一体感(協力関係)と従業員のやる気を高められる。

❷ チームリーダー（管理職）のメリット

◆管理職としての自覚・能力の向上
・経営者の考えがわかる。
・リーダーシップの向上
・若手への教育の機会が増える。
◆全体最適に向けた取組みができる
・他部門の悩みを共有した上で、共通の目標に向け、一致団結できる。

❸ メンバー（若手・女性従業員）のメリット

◆やる気が出る
・発言の場が得られ、提案ができる。
・他部門と話し合う機会が得られる。
◆知識や能力の向上
・経営者、上司の考えがわかる。
・仕事に必要な知識が得られる。

地域のお宝発見（三方よしの実現）

② ビジョン策定の手法・プロセス

従業員の巻き込み

　ビジョンの策定プロセスで最も重要なことは、従業員を巻き込むことです。従業員が、自分たちの意見を反映して計画策定に参画したという意識、当事者意識を持つことが大事です。あれは経営陣が作った計画書だからという傍観者的な意識を持たせないことです。そのためには、経営陣が、予め策定スケジュールや意見の反映方法をオープンにして、従業員が、参画しやすいような環境を整えることが重要です。

　なぜこのプロセスが重要かといえば、ビジョンの策定に参画した結果、従業員は、それを自分のこととして捉え、納得感が高まり、共感するからです。共感していない限り、ビジョン実現のために、主体的に動くことはなく、受け身の対応となり、結果的にビジョンを実現する力（実行力）が弱まるからです。

　新任役員は、新たな長期ビジョンの策定にかかわることがあるかと思いますが、その際は、経営陣の思いや考え方を十分に伝達するとともに、従業員の立場や現場感覚を理解したうえで、従業員が積極的・主体的に参画するように、情熱をもって促していくことが重要です。

　従業員参画のビジョン策定を行う上で、2つの手法が考えられます。

・経営陣は方向やありたい姿の骨格（イメージ）を示し、従業員はそれをもとに〇年後に実現したい会社の具体的な姿について意見を述べる。
・経営陣は方向のみを示し、あとは従業員がありたい姿（具体的な姿）までを考え、意見を述べる。

　いずれの方法がいいかは、組織や従業員の状況、会社の判断によりますが、より多くの意見が集まるよう、意見収集の工夫を図ることが重要です。

　意見の収集は、部門ごとに行い、部門長がそれを取りまとめることがポイントです。新任役員は、担当役員として、集まった意見をレビューし、経営理念との整合性や経営陣の意向が反映されているか確認することが重要です。

従業員の目線と経営者の目線

　従業員は、将来のことを考える割合は2割、8割が目の前の業務をどうこなして目標を達成するかが関心事です。一方、経営者は将来のための業務が8割、2割が現在の業務と思われます。両者の間には、当然、ギャップが生じています。このギャップを解消するためには、目の前の業務を一生懸命やることが、ビジョンの達成にどうつながっているかを部門長、担当役員がしっかり説明することが大事です。そのためにもビジョン達成のストーリーを中期経営計画として策定することが重要です。

　この中期経営計画こそが、ビジョンと現場の行動をつなぐものとして機

経営者のおもいと、社員の意識・行動とのギャップ

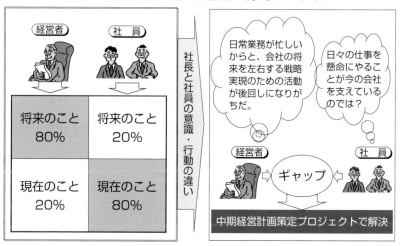

（出典）『永続企業を創る！戦略バランスとレバレッジ会計マネジメント』

能し、各担当役員が中心となって、中期計画の骨子を作成することが求められます。そして、新任役員は、この中期経営計画策定プロジェクトのリーダーを務めることがよいでしょう。

望ましいビジョン

　全社統一のビジョンがあり、それをもとに、各部門長が部門ビジョンを作成することが重要です。もちろん、全社共通のビジョンが1つあればよいという考え方もありますが、それを部門に展開するときに、展開するときの目安として、部門ビジョンを作成することは重要です。新任役員は、部門長が、従業員の意見を吸い上げて従業員がやる気になるような部門ビジョンを作成できるよう、適度な指導を行い上手にリードすることが期待されます。役員1年目とはいえ、一番身近な部下である部門長を将来の役員候補として育成するという視点が重要です。

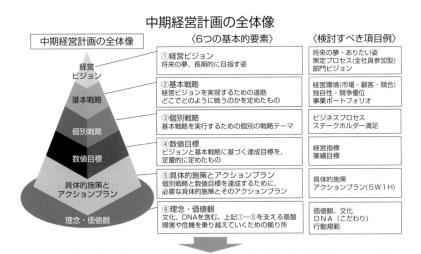

③　戦略策定プロセスと戦略の本質

「バカな」と「なるほど」

　戦略の立案にあたっては、外部・内部環境分析をはじめ十分な分析と、確かな裏づけ（数字との結びつき）を示すことが重要です。新任役員は、この基本をしっかり実行できることが求められますが、一方で、多面的な視点に基づく従来の枠にとらわれない斬新なアイデアも期待されます。その斬新なアイデア出しに効果を発揮するフレーズが「バカな」と「なるほど」になります。

　この要点は次のようになります。

　一見、非合理的に見えるが、顧客（消費者）の心理・行動原理をよくよく考えると合理的な戦略になることです。

　この点について、神戸大学の吉原名誉教授はその著書『「バカな」と「なるほど」』の中で次のように述べられています。「業界の通念や慣行を打ち破る斬新な経営を展開しなければ、競争の世界で成功者になれない。成功している企業は「バカな」といわれるくらいユニークでイノベーティブな経営を考え出し、実行している。その成功企業の経営は外部の者には

経営戦略の本質

経　営　戦　略　の　本　質

バカな　　と　　なるほど

神戸大学吉原教授

戦略が合理的であれば、誰もが同じことを考える。よって、どこかに非合理の要素がなければ、独走につながらない

出典：『「バカな」と「なるほど」』（PHP研究所）

「バカな」とみえても（非常識に思えるが）、じつはよく考えぬかれており、「なるほど」と納得できる合理性を有している。」

酒販売のY社のサービスが2000年に始めた事例は、「バカな」と「なるほど」を表すものと言えます。

『ビール1本から2時間以内に無料宅配（東京23区内どこでも）』というサービスです。

当初、周囲の反応は悪く「あんな無茶なサービスをしたら儲けが吹き飛んですぐに潰れる」という噂が立ちましたが、サービスによる付加価値が評価され、実際は、利用者が拡大し成功しました。大勢の利用者により、宅配コストを吸収して十分な利益が生まれ、他店との差異化を実現する上で最大の武器となりました。そもそもこのサービスを始めたのは、酒類免許の規制緩和等による環境変化で、それまでの低価格戦略を続けることができなくなり、経営危機に直面したためです。この危機を打開するために意思決定を下したのが、安売り業から宅配業へ転換でした。

しかし、普通の宅配ではすぐに真似されてしまうため、他社が真似をできない独創的な「宅配サービス」を生み出す必要がありました。それが、「1本から」「2時間以内で」「無料で」「23区内どこでも」という顧客にとっての障壁をすべて取り除いたものだったのです。

基本戦略

基本戦略とはビジョンを達成するためのストーリーであり、強みを活かしたものでなくてはなりません。また個別戦略とセットで策定することがポイントです。ビジョンが変わらない限り、また、環境が大きく変化しないかぎり、基本戦略を変更することはありません。変更するものは、個別戦略やその具体的施策とアクションプランです。

以下は、ビジョンや基本戦略、個別戦略等を反映した経営計画の策定・実行により、経営不振から脱却し経営改善を成し遂げた地域スーパーK社の基本戦略策定の事例です。

基本戦略と個別戦略：地域スーパーＫ社の経営改善事例

```
                    基  本  戦  略

    地 域 密 着        ３Ｓの徹底        独自性の確立

            ┌──── 対応する個別戦略 ────┐
    地 産 地 消        ３Ｓの徹底        独自の商品・独自の
    （お宝発見）       （鮮度・接客・品切れ防止）   サービス・独自の店づくり

    地域満足ＵＰ       顧客満足ＵＰ       商品開発プロジェクト
    （地域貢献）       （顧客の声の収集・迅速対応）

    人 財 育 成 ・ 従 業 員 満 足 Ｕ Ｐ ・ 働 き 方 改 革

    強 固 な 財 務 基 盤 の 確 立 ／ 店 舗 改 装
```

　基本戦略を明確にしてその具現化のためのアクションプランを全従業員でひたむきに実行した結果、経営計画策定前の売上56億円から、5年後には70億円となり、利益も安定的に黒字基調となりました。それまではEDLP（毎日低価格）など大手スーパーがとるような戦略を実行してきましたが、成果はあがりませんでした。それもそのはず地域スーパーにしかなし得ない本来の強みを活かした戦略ではなかったからです。経営の原理原則は、経営理念という原点に立ち返り、ビジョンと基本戦略を明確にすること、そして、それを実行する人（従業員）への教育投資を惜しまないことです。

　同社では、店長やバイヤーといった管理職だけでなく、お店のチーフや社員まで（全社員）を対象にして、リーダーシップ研修を実施しています。人こそが会社の財産であるという社長の揺るぎない信念のもと、指導・育成する従業員がいる人は役職の有無に関係なくすべてリーダーであるという認識をされ、毎年リーダーシップ研修に励んでいます。また、先に説明した従業員参加型・部門横断選抜メンバーによる中期経営計画策定プロジェクトを設置して、経営計画を策定・見直ししていることは言うまでも

ありません。会社は、現在、創業200年を経過し、地域になくてはならないスーパーマーケットとして、躍進を続けています。

強みを活かす&すてる

　上記でも触れましたが、会社は強みを活かすことが使命であり、経営の本質です。

　ドラッカーは経営の本質として次のように述べています。

　　「『成果』を得るために『強み』を活かすことを考え・実践することが経営の本質である」

　強みとは、将来にわたって成果を獲得できる源泉であり、コア技術、コア資産ともいわれます。資産には、設備や国内外の拠点（ネットワーク）だけでなく、ノウハウや協力会社のネットワーク等の無形の資産も含まれます。

　企業は、その強みを活かせる顧客（市場）を選択しなければなりません。そうでなければ永続的に顧客を創造することができないからです。

　そして、強みを活かすことは強みに集中することでもあり、余計なものを「すてる」ことでもあります。大手繊維メーカーT社は、未来のために、事業として成功するまで、40年以上も炭素繊維の技術（強み）に集中し続けました。

　ドラッカーの言葉に戻り、なぜ、強みを活かすことが経営の本質であるか、使命との関わりで考えてみたいと思います。故船井幸雄さんは、「人はみな自分の使命を果たすために、必ず何かの長所を持ってこの世に生まれてきます。長所を活かして生きていくのが、自分の使命を果たすための正しい生き方です。」と言われました。人の集合体である企業も、人の長所・強みをベースに築き上げてきた会社の強みを活かして事業運営していくのは本来の生き方であると思います。

強みを活かし世のため人のためになることこそが、使命を果たすことになる。

　今一度自社の強みは何なのか・それを徹底的に磨き上げて活かすこと、このことを肝に銘じて経営していくことが最も重要です。

　新任役員は、新たな視点、ある意味ゼロベースの視点で、強みについて深く考えることが重要です。つまり、わが社の最大の強みは何か、そしてその強みは事業に活かされているかについて、客観的かつ冷静に吟味することが大事です。

　強みを活かし、強みに集中する際に、検討しなければならないのが、「すてる」行為です。環境は常に変化するので、今までのビジネスで通用しなくなる製品等が必ず出てきます。しかし、せっかく苦労した製品・歴史がある製品であればあるほど捨てられません。結果、環境不適合で売れなくなり、赤字となって累積していきます。

　また、ビジネスは生き物ですから、長年経営をしていると「すてる」モノやコトがどうしても出てきます。経営者も人であるので、「まずはやってみよう・やってみなくちゃわからない」ということで、自社のコア領域（強み）と離れた領域でチャレンジすることがあります（いわゆる多角化領域）。上手くいく場合もありますが、失敗する場合の方が多いのではないでしょうか。ゆえに、上手くいかなくなったときに損失を最小限に止めるためにいかに早く「すてる」かが勝負になります。ドラッカーは「計画的廃棄」を経営に組み込むことを求めています。

　またこの「すてる」行為は、戦略の本質にも通じます。「すてる」ことにより、経営不振から脱却し大成功した事例として、有名なのは、当時会社を率いたスティーブ・ジョブズのアップルです。ジョブズがアップルに復帰した際に最初に行ったのが製品数の大削減でした。

　上記をうけ、ジョブズは、次のような名言を残しています。

スティーブ・ジョブズのポリシー

得たいなら、捨てることだ

不振のアップルに復帰したジョブズが、最初に実行したことは、乱立していた膨大な製品数を大幅削減したことである。
この大削減により、革新的な新製品を開発したことは周知の事実である。

最 も 重 要 な 決 定 と は、
何 を す る か で は な く、
何をしないかを決めることだ

(出典)『経営会計－経営者に必要な本物の会計力。』

　ひるがえって、戦略とは、いいかえると「すてる」ことです。

　漢字のとおり、戦いを省略できる場所（戦わずして勝てる場所）を探すことでもあります。自社の強みを最大限活かせる場所（事業領域：市場・顧客・地域等）を探し出し自社にしかできない独自性を確立してその場所に立つことです（ポジショニングともいわれます）。

「すてる」ことで大成功したアップルの事例（スティーブ・ジョブズ）

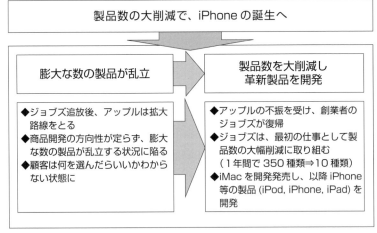

製品数の大削減で、iPhone の誕生へ

膨大な数の製品が乱立

◆ジョブズ追放後、アップルは拡大路線をとる
◆商品開発の方向性が定まらず、膨大な数の製品が乱立する状況に陥る
◆顧客は何を選んだらいいかわからない状態に

製品数を大削減し革新製品を開発

◆アップルの不振を受け、創業者のジョブズが復帰
◆ジョブズは、最初の仕事として製品数の大幅削減に取り組む（1年間で 350 種類⇒10 種類）
◆iMac を開発発売し、以降 iPhone 等の製品 (iPod, iPhone, iPad) を開発

(出典)『経営会計－経営者に必要な本物の会計力。』

　著名な戦略学者であるマイケル・E・ポーター教授も、次のように述べています。

「戦略の本質とは、何をやらないか という選択である」

　新任役員は、会社全体を俯瞰し、すてるべきものは何かについて、真摯に検討した結果を経営陣に進言することが期待されます。

④　独自性の追求・確立

　現代は、経済のデジタル化とグローバル化の時代です。

　言いかえれば、簡単に模倣されてしまい、破壊される可能性もある時代です。したがって、強みを磨き上げ独自性を追求し確立していかなければ生き残っていけない時代だと言えます。

本項では、すてる＆強みに集中した後に確立すべき独自性についてお話しします。

　まずは独自性の定義について理解を深め、その上で独自性をどのように確立していけばよいのか説明していきます。

独自性の定義

独自性＝強み×差異化 in 使命感

　独自性は、一言で言えば、他社と異なる磨き上げた強み（他社と差別化できる強み）です。したがって、強みと表裏一体であるとともに強みに立脚したものでなければならず、その会社を持続的に成長させ、未来永劫発展していくことができるものです。独自性は、その会社オリジナルのものであり、他社が真似したくても容易に真似できないものです。そして、何より、独自性は、顧客への価値を実現するものであり、価値を向上するものでなくてはなりません。具体的には、独自製品・サービスや独自技術、独自の活動・やり方等になります。③の戦略の本質でお話しした「バカな」は、まさに独自性の追求・確立そのものであり、Y社のビール1本から2時間以内無料宅配（23区内どこでも）は、その典型的な事例です。現在では、1時間枠での当日希望時間帯配達を行っており、さらに顧客価

値を向上しています。

　独自性を確立する際、大前提となるのが使命感です。

　独自性は、なぜそれをやりたいのか、自社がやらねば誰がやるのかという使命感に支えられてこそ生まれます。その上で、強みを磨き上げたところと、他社と異なるところ（他社がやっていないところ）が重ね合ったところに、独自性が確立されます。

　図で示すと次のようになります。

独自性＝強み×差異化 in 使命感

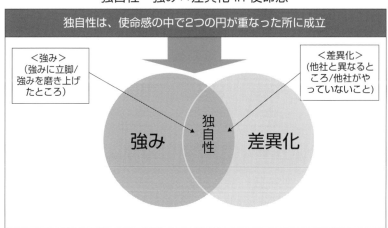

（出典）「Amazon、IKEA、Apple から学ぶ企業成長の方程式〜独自経営モデル〜」

独自性の確立

＜独自性確立＆顧客価値向上シート＞

　上記で定義した独自性をどのように確立するのかについてお話しします。

　デジタル経済とグローバル化の時代において、独自性の確立は競争優位を持続させるために不可欠です。そして、独自性確立の根本的な目的は、顧客にとっての価値を向上し、価値を最大化することだと言えます。顧客

　価値が向上すれば、売上・利益が向上し、持続的な成長を実現することができます。

　ここでは、独自性を確立するためのシンプルなフォーマットを紹介します。

独自性確立&顧客価値向上シート

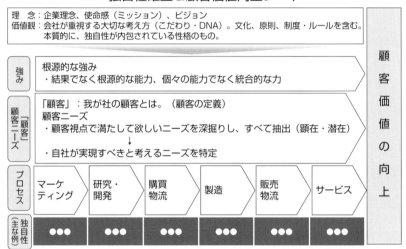

（出典）「Amazon、IKEA、Apple から学ぶ企業成長の方程式〜独自経営モデル〜」

　独自性を確立し、顧客価値を向上するには、以下の7つの要素を設定し、ポイントを簡潔に記載することが大切です。

＜理念（使命感・ビジョン）＞

　大前提となるのは理念です。我が社でしか成し得ないことをするという強い思いが会社全体に行き渡っている状態にあってはじめて、独自性の道に進むことができます。

＜価値観・文化＞

　自社の価値観を示します。そもそも価値観はその会社固有のものであり、

ユニークなものと言えます。また、文化は、理念や戦略を実現するインフラです。また、会社の原則、制度やルールも含まれます。

＜強み＞

ここでいう強みは、根源的な強みです。つまり、結果でなく根源的な能力、個々の能力でなく統合的な力や仕組みになります。この根源的な強みがベースとなって、具体的な独自性（製品、技術、活動等）を作ることができます。

＜顧客＞

会社のターゲット顧客（強みを活かせる顧客・価値を提供できる顧客）を明確にします。

＜顧客ニーズ＞

顧客ニーズは、顕在的なものだけでなく、潜在的なニーズも含めすべて抽出し、深掘りすることが必要です。その中で、会社が実現したい顧客ニーズを特定します。

＜プロセス＞

顧客ニーズを実現し、顧客に価値を提供するプロセスを特定します。

プロセスを記載する意味は、顧客価値を生み出す流れを確認することが重要であるからです。

＜独自性＞

独自性には、主に、独自の製品・サービス、独自のシステムや設備、独自の活動等、その企業特有の切り口での項目があげられます。

独自の製品・サービスについて補足します。

独自の製品やサービスは、その会社を象徴するようなものであることが

望ましく、自社の強みを磨き上げることが実現のポイントです。

　また、全く新しい製品・サービス（イノベーションを実現した製品・サービス）である必要はありません。もちろん、新しい製品・技術・サービスであれば明らかな差異化（圧倒的な差別化）になりますが、そうでなくても、他社がやらないようなサービスを行ったり、自社の特長・固有の技術を駆使した製品であること、つまり、ユニークさがポイントです。

　独自性は、それがどのプロセスに対応したものであるかを確認し、プロセス毎に記載します。

　また、どの顧客ニーズを実現したものであるか、その対応関係がわかるように記載します。

　　※独自性は、業種によって異なり、すべてのプロセスで発揮する業種もあれば、技術開発メーカーのように研究開発や製造プロセス等特定のプロセスで発揮する業種もあります。

　　　また、ケースによっては、独自性を構成する強み（具体的な強み・発揮された強み）を記載する場合もあります。

【顧客価値】

　上記、7つの要素を確立してはじめて、独自の価値が実現でき、顧客価値を向上させることができます。

　独自性は他社との差異化（ちがい）が重要な要件ですが、絶えず次の問いを意識することが重要です。

「そのちがいは、顧客に価値を提供しているか」

　顧客にとっての価値を向上し最大化を目指すことが独立性確立のゴールです。

　最後に、独自性確立＆顧客価値向上シートの事例を2つ紹介します。

Apple の事例

　前項の「強みを活かす＆すてる」の事例で取り上げた Apple の事例です。

　詳細な説明は省略しますが、Apple は現在も最高の製品・サービスを追求し、顧客に最高のユーザーエクスペリエンス（顧客体験価値）を提供しています。

＜Apple＞独自性確立＆顧客価値向上シート

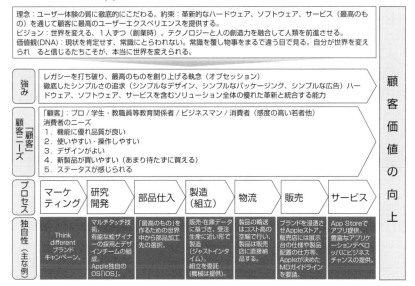

理念：ユーザー体験の質に徹底的にこだわる。約束：革新的なハードウェア、ソフトウェア、サービス（最高のもの）を通じて顧客に最高のユーザーエクスペリエンスを提供する。
ビジョン：世界を変える、1人ずつ（創業時）。テクノロジーと人の創造力を融合して人類を前進させる。
価値観(DNA)：現状を肯定せず、常識にとらわれない。常識を覆し物事をまるで違う目で見る。自分が世界を変えられると信じるたちこそが、本当に世界を変えられる。

		顧客価値の向上
強み	レガシーを打ち破り、最高のものを創り上げる執念（オブセッション）徹底したシンプルさの追求（シンプルなデザイン、シンプルなパッケージング、シンプルな広告）ハードウェア、ソフトウェア、サービスを含むソリューション全体の優れた革新と統合する能力	
「顧客」顧客ニーズ	「顧客」：プロ / 学生・教職員等教育関係者 / ビジネスマン / 消費者（感度の高い若者他） 消費者のニーズ 1. 機能に優れ品質が良い 2. 使いやすい・操作しやすい 3. デザインがよい 4. 新製品が買いやすい（あまり待たずに買える） 5. ステータスが感じられる	

プロセス	マーケティング	研究開発	部品仕入	製造（組立）	物流	販売	サービス
独自性（主な例）	Think different ブランドキャンペーン。	マルチタッチ技術。有能な絵ザイナーの採用とデザインチームの組成。Apple独自のOS「iOS」。	「最高のもの」を作るための世界中から部品加工先の選択。	販売・在庫データに基づき、受注生産に近い形で製造（ジャストインタイム）。組立を委託（機械は提供）。	製品の輸送はコスト高の空輸で行い、製品は販売店に直接納品する。	ブランドを浸透させAppleストア。販売店には展示台の仕様や製品配置の仕方等、Appleが決めたMDガイドラインを要請。	App Storeでアプリ提供。豊富なアプリケーションデベロッパにビジネスチャンスの提供。

（出典）「Amazon、IKEA、Apple から学ぶ企業成長の方程式～独自経営モデル～」

アスクル (事務用品販売) の事例

　1993年に「中小企業に大企業以上の手厚いサービスを―」というミッションを掲げてスタートし、BtoB（法人、個人事業主向け）通信販売サービス「ASKUL」を日本中の事業所、医療介護施設、店舗、建設作業

現場、教育施設など、ありとあらゆる"仕事場"に提供しています。

　事業開始当初、これまで文房具購入を文具店に頼らざるをえなかった中小事業所を主顧客として設定、新市場を自ら創設するというイノベーションを起こしました。低価格で豊富な品ぞろえ、「アスクル（明日来る）」の名のとおり、迅速な配達体制を整備し、他社とは異なる独自性ある価値を提供しています。さらに、競合となるはずの文具店を自社エージェントとして取り込み、中小事業所の新規顧客開拓と、債権管理の機能とを任せています。

アスクルのパーパス（存在意義）：仕事とくらしと地球の明日（あす）に「うれしい」を届け続ける。

　アスクルの DNA：お客様のために進化する（＊）
　（＊）事業開始当時の企業理念

　アスクルは、流通構造の変革と独自のエージェント制度の構築等により、全国の中小事業者（総事業所数の95％にあたる従業員数30人未満の中小事業所）の「不便を便利に変える」というオフィスのトータルサポートサービスを実現しました。

　以下にあげるような独自性により、顧客にとっての価値を向上しています。

・既存の流通機能を徹底的に分解し、メーカー直販を実現し（低価格を実現）、有効な機能と役割をいちばん得意なところが担うという独自の流通システム－アスクルモデルを構築した。

・エージェントの役割は新しいお客様の開拓と債権管理、代金の回収である。それ以外のカタログ発送、ご注文受付、配送、お問い合わせ対応などはすべてアスクルが行っている。それぞれが「営業」や「在庫管理」などを重複して行うのではなく、流通にとって必要不可欠な機能をエージェントと分担することで、流通システムの簡素化を実現し

ている。

　以上をまとめると、メーカー直販での低価格を実現しただけでなく、事務担当者が文具などの小物やコピー用紙などの重い商品を小売店まで買いにいくという不便を解消しています。そして、定期カタログによる注文を、メーカーが翌日届ける（明日来る）という便利な独自のシステムが、顧客に喜ばれ、顧客価値を向上しています。

〈アスクル〉独自性確立＆顧客価値向上シート（ASKUL開始当時）

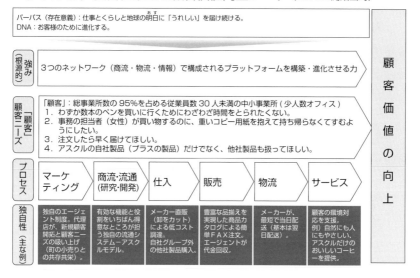

　新任役員は、今一度、会社の強みを吟味し、追求すべき独自性は明確で揺るぎないものか、真摯に検討した結果を経営陣に進言することが期待されます。

【コラム】（経営資源の配分と事業領域）

　「新版によせて」の全体概要の項目にあげた〝経営資源の配分〟と〝事業領域〟について、事例を交えて説明します。

　人・もの・金の経営資源をどのように配分するか、よくみられるのは、次のような例です。

　「事業別の投下資本利益率をもとに、資本利益率（資本効率）が低い事業への投資（資源配分）を減らし、資本利益率（資本効率）が高い事業への投資（資源配分）を増やす。」

　いわゆる事業の集中と選択ともいわれるものですが、そうすることで、会社全体の資本利益率（資本効率）を向上させ、現在の株主・投資家の利益を高めることができます。

　一方、短期的視点ではなく、長期的な視点で経営資源の配分を行う事例があります。300年企業を目指すデュポン（1802年創業）は、ビジョン逆算経営として知られています。

　それは、未来のありたい姿から逆算し、事業領域とその構成（資源配分）をどうすべきかを決定する経営です。具体的には、今儲かっている中核事業でも未来に必要なければ、売却してしまい、未来ビジョンを実現するために必要な事業に戦略投資することです。以下にビジョン逆算経営の具体的内容を示します。

＜100年委員会によるビジョン逆算経営＞

　100年委員会と呼ばれる会議体で、50年、100年後の未来を予想して未来ビジョンを創り上げ、その未来に役に立つためには今何をなすべきかという視点で事業投資・事業の再編を実施しています。

　100年単位で事業を組み変えており、19世紀は火薬の100年、20世紀は化学の100年、そして21世紀の100年はライフサイエンス・バイオ技術を活用した総合科学企業を目指しています。

"100年委員会"によるビジョン逆算経営

> 50年後100年後も世のため・人のためになっていたい

> 50年後100年後の地球や社会の未来（危機・課題）を予想し、
> そこで必要とされる会社の将来像を描く

> 描いた将来像から逆算して今必要な事業を決める
> （足元の利益率やシェア争いを重視する経営とは一線画す）

> 未来（将来像）に不要なら、中核事業でも手放す

（出典）「経営会計―経営者に必要な本物の会計力。」

＜中核事業をも手放すビジョン逆算経営の軌跡＞

・巨大部門石油子会社コノコを売却：

　バイオ技術を活用した総合科学企業に転換するために、脱石油の象徴として売却しました。

・高機能化学部門を売却：

　バイオを基盤にして成長する事業戦略（農業や植物由来の素材開発等）との関連が薄いため売却しました。

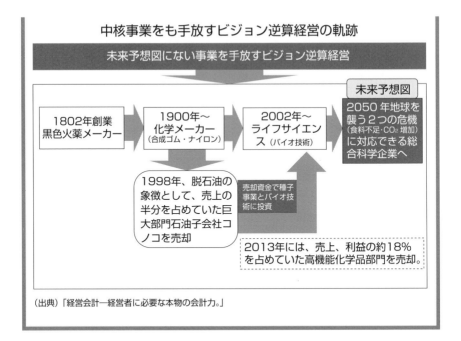

中核事業をも手放すビジョン逆算経営の軌跡

未来予想図にない事業を手放すビジョン逆算経営

（出典）「経営会計─経営者に必要な本物の会計力。」

第１章　まとめ

第１章のまとめとして、新任役員のそれぞれの立場ごとのポイントを以下に示します。

○従業員のよき理解者としての立場

企業は人なりです。新任役員は、担当部門の従業員だけでなく、他部門を含めた全社の従業員に満遍なく声をかけ、従業員の関心事を理解していくことが重要です。

○部門長の上司としての立場

役員として、最も身近な部下である部門長を指導する責任があります。自分が上司である担当役員にひきあげられたことを忘れずに、今度は、自身が、部門長を将来の役員候補に育て上げるという覚悟が必要です。

○経営陣の一員としての立場

全従業員に経営理念を浸透させることの重要性を改めて認識し、そのための様々な活動を展開することが重要です。

また戦略の本質は、すてる＆強みに集中、独自性を確立することです。

戦略の立案等経営の重要な局面において、新任役員だからこそ発信・進言できる新たな視点、客観的な意見が重要です。

第2章

人財の採用と
育成のコツ

　第2章では、経営資源のうち、最も重要とも言える「人財」に関して取り上げます。

■新版にあたって

　初版執筆の2018年当時から2年以上が経過し、これほどまでに「人財」を取り巻く環境に変化が生じるとは思ってもいませんでした。リモートワーク、副業、ジョブ型雇用……当時はまだ一部特殊な事例として紹介されていた言葉が、各企業にて直面するようになっています。

　このような大転換期を役員の皆様が受動的に捉えるか、能動的に捉えるかによって、少子高齢化における採用競争力や人財のエンゲージメント向上、ひいては会社の成長に大きく影響すると考えられます。

　「役員1年目の教科書」という趣旨で、近年の変化をどう役員として受け止めるべきかという観点から、改訂を加えております。

①　役員と従業員は立場が異なる

　役員に就任されて以降、皆様にはどのような変化があったでしょうか。権限や責任、周囲からの目線等々、多くの変化を肌で感じていらっしゃることでしょう。社内外での役割はそれぞれのケースで異なるものの、これまでの従業員の立場と決定的に異なるのが「雇用契約ではなくなる」という点です。これは管理職に昇格された当時よりも大きな立場の変化と言えます。下表にて簡単に整理します。

　会社（法人）と役員は、雇用契約ではなく、委任契約の関係となります。役員は労働基準法第9条に定められる「労働者」に該当しないため、労働基準法の保護対象外となります。したがって、雇用保険の対象とならず、労災保険の適用も受けません。

　また、取締役であれば、善管注意義務や忠実義務といった会社法で定める責務が発生することも大きな違いと言えます。

　これまでは管理職として部下を管理監督する立場でしたが、それはあくまでも従業員身分における役割の違いにすぎません。役員には使用者側の立場として、従業員を雇用管理する責任が発生しているのです。同じ人財でも、役員と従業員は立場が異なる中、本章では、「役員としてどのように人財をマネジメントし、経営資源として最高な状態に保つか」に関して、

役員と従業員の主な立場の違い

	役員	管理職（従業員）
会社との契約関係	委任契約	雇用契約
労働基準法の適用	対象外（使用者側）	保護対象（労働者側）
責務	善管注意義務 忠実義務 従業員の雇用管理	労働の提供 部下の管理監督

話を進めてまいります。

　なお、執行役員は会社法上の役員ではないため、会社によって委任契約と雇用契約それぞれのケースがある点、ご留意ください。

②　人財をマネジメントするとは　　どういうことか

　役員 1 年目の皆様も、これまで人財の採用や育成に直接関与し、力を注いでこられたと思います。そして、その重要性や難しさも十分ご承知のことと思います。

　ここで、企業経営における一般的な人財マネジメント機能の全体像を確認しておきましょう。下図をご確認ください。

　当然に、従業員を採用してから退職するまでの期間がマネジメントを行う対象期間となります。また、経営理念や経営目標・戦略に基づいた求める人財像があり、それを実現するための人事制度や育成が機能するイメー

人財マネジメント機能の全体像

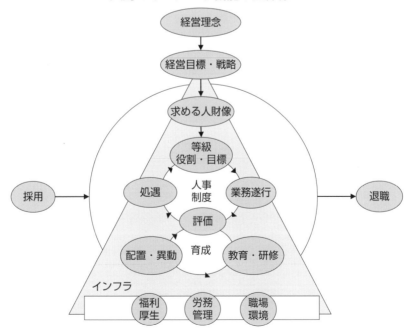

ジはご理解いただけることと思います。

　この全体像を踏まえながら、人財マネジメントのコツを確認していきましょう。

③ ニューノーマルを見据えた 人財マネジメント改革を図る

　新型コロナウイルスは社会、経済活動のみならず、働き方を一変させました。これまで当たり前のように毎日会社に出社し、同僚とともに仕事をし、顧客と対面でコミュニケーションを行うといったことに制約が発生し、リモートワークをはじめとする働き方にシフトしています。たとえ収束しても元に戻す企業は少ないでしょう。まさにニューノーマル（新常態）が創られている途上にあると認識しています。

　皆様は役員として、この変化をどのように受け止めていますでしょうか。自らの成功体験が陳腐化してしまった方もいるかもしれません。組織のパフォーマンスが低下してしまった、部下が何を考えているのかがわからなくなってしまった、部下がサボっているのではないかと疑うようになってしまった、という方もいるかもしれません。

　下図では新型コロナウイルスへの対応に関する before/after を、前述した人財マネジメント機能に沿って整理しています。

新型コロナウィルスへの対応に関するbefore/after

人財マネジメント機能		before	after
採用		■説明会を通じた認知度向上 ■対面面接による素養・適性の見極め	■Web/SNSを活用した採用ブランディング・戦略の立案 ■オンライン採用や適性ツールを活用した素養・適性の見極め
退職		■働きがい喪失や報酬ミスマッチへのパッチワーク的対応	■勤務形態の多様化を通じたミスマッチの未然防止 ■エンゲージメント低下の早期発見・予測による対処
人事制度	等級	■全社、あるいは事業特性に応じた等級制度の運用	■多様な勤務形態に適応した等級制度の再設計 （ジョブ型雇用の受け皿整備等）
人事制度	評価	■普段の働きぶりの観察結果を踏まえた評価 ■年1〜2回程度の評価面談の実施	■1on1などによる密なコミュニケーションを通じた評価情報の収集 ■タスクを明確にしたリモートマネジメントによる進捗管理
人事制度	報酬	■全社、あるいは事業特性に応じた報酬体系・水準の運用	■新たな勤務形態に適応した報酬制度の再設計 ■通勤を前提とした諸手当（交通費等）の見直し
育成	教育・研修	■対面中心のOJTの推進 ■集合研修やe-leaningなどの活用	■オンラインツールを活用した育成施策の立案 ■収益構造の転換に伴うリスキルの加速
育成	配置・異動	■事業に寄り添った人財の配置	■全体最適視点の人財再配置（回復・復帰時期、収益構造の転換） ■適材を早期発見する人財マッチングの仕組みの導入
インフラ	労務管理	■対面を前提とした労務管理 （在宅・遠隔管理による戸惑いの発生）	■在宅・遠隔勤務を踏まえた労働時間・労務管理の実施 ■副業緩和への対応
インフラ	福利厚生	■個々のニーズに応じた福利厚生 （カフェテリアプラン等）	■リモートワークに伴う費用補助の拡充（通信費、光熱費、オンライン懇親会費用等）
インフラ	職場環境	■出社を前提としたオフィス環境整備	■分散化を前提とした職場環境整備（在宅、サテライトオフィス、ワーケーション等）

　例えば、採用活動はオンラインで完結する企業も増えてきました。当然に適性の見極め方は対面面接と異なってくることでしょう。

　ジョブ型雇用もコロナ禍を機に、大企業を中心に導入が加速しています。導入に際しては、下記事項に留意した上で検討を進める必要があると考えられます。

・全社員や新入社員を対象とするケースもあるが、まずは役割や責任が明確な幹部社員層や高度専門人財から段階的に導入する。メンバーシップ型との併用も検討する。

・職務に必要な能力や経験をまとめた「職務定義書」（ジョブディスクリプション）が重要。陳腐化することの無いようなメンテナンス体制を整備するとともに、複雑になり過ぎない記載レベルとしておく。

・求める能力とのアンマッチが発生することが無いよう、社員の自律的なキャリア形成を促す仕組み（専門教育、社内公募制等）を並行導入する。

　また、通勤手当を実費精算に切り替えたり、リモートワークに伴う費用補助、オフィスの縮小や分散化等も、多くの企業が着手されている取組みです。

　上司と部下という関係性においては、従来であれば気軽に声をかけたり顔色を窺ったりすることでできていた観察や、ある種「阿吽の呼吸」で済んでいた指示出しについても、十分に機能しなくなる場面が出てきていると想定されます。私自身も従業員の二極化というお話を経営者の方から伺うようになりました。自律的に仕事を行うことができる人はコロナ禍でも変わらない、むしろ時間を有効活用して生産性を高めている人がいる、その一方で指示待ち人間のタイプはパフォーマンスが非常に低下しているとのことです。

　皆様の会社でも思い当たる節はありますでしょうか。

　ここで試されるのが上司のリモートマネジメントスキルになります。リモート環境でも伝わる明確な目標や役割、作業を設計し指示を出す、適切

な頻度と客観性のある PDCA サイクルを実践する、こういったことができる上司であれば、組織のパフォーマンスはむしろコロナ禍でも向上しているかもしれません。役員として現場従業員と直接やり取りする機会は減っているかもしれませんが、組織としてどのような人財マネジメントを行うべきか、考え実行するタイミングにあると思われます。

　また、下図にて示しているように、従来から人財を取り巻く環境は変化の途上にあります。

　皆様がこれまで、管理職として直面してきた事実そのものが大きく変わるわけではありませんが、役員として会社の経営の一画を担う立場として、常にキャッチアップしていただきたいと思います。

　外部環境としては、PEST にて整理しています。

　まず Political（政策）に関しては、働き方改革があげられます。詳細は後述いたしますが、おそらく皆様の会社においても、何らかの取組みはなされていることと思いますし、株主や取引先等のステークホルダーとのコミュニケーションにおいても、当然に話題になるような環境にあることでしょう。また、高年齢者継続雇用についても継続雇用制度から定年の引き

人財を取り巻く環境

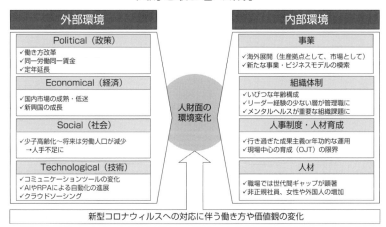

上げにシフトする企業が増えつつあり、2021年4月からは企業規模を問わず、70歳までの就業機会の確保が努力義務となっています。

　Economial（経済）においては、業種による差はあれど、グローバル展開の加速に伴いそれを充足できる人財が求められており、国籍もボーダレスになりつつあります。いくつかの企業が社内公用語を英語にしているのは、こういった環境対応策の1つと言えます。

　Social（社会）という視点では、少子高齢化に伴う人手不足が、国内でのビジネス展開という視点のみならず、人財の採用において重大な課題として顕在化しています。

　一方 Technologucal（技術）の側面では、AI や RPA の台頭により人間の仕事が減るとも言われています。実際、大手金融機関では業務効率化に伴い、将来の人員削減を明示している状況です。

　内部環境としては、業種関係なく、ビジネスモデルの変化が常に求められるようになってきていることを、皆様も認識されていることと思います。「従来と同じ価値観で同じ仕事をしていては取り残される、常に変化と挑戦……」というような声を、皆様も近い将来、従業員に発する可能性は高いのだと考えます。

　また、組織面では、是非、皆様の会社にて年齢ピラミッドを作成して眺めてみることをおススメします。社歴の長い会社ほど、極端に多かったり少なかったり年齢層のバラつきが見えてくることが多い傾向にあります。当時採用を抑制していたり、離職が相次いだりと様々な原因が想定されますが、5年、10年と全員が年齢を重ねたことを想定して、組織はどうあるべきか、ポストは足りるのか、人件費はどうなっているか、考えるきっかけになると思います。

　人事制度も各種環境変化に合わせて柔軟に変更すべきですし、年齢や性別、国籍はもちろん、契約形態も含めて多様な人材をどうモチベートして処遇していくかという点は、常に検討しなければならないテーマになることでしょう。

　ここでお伝えしたいことは、人財にまつわる環境変化にアンテナを高く持ち、敏感になっていただきたいという点です。ヒトは生き物であり、モチベーションも常に変化するやっかいな経営資源ですが、「〇人力」という言葉があるように、頭数だけで語れるものでもありません。環境変化を適時適切に把握し、自社にとって何がベストかを常に考えることは、役員1年目だろうと何年目だろうと、変わらない重要な仕事であることは言うまでもありません。

④　価値観の合う人財を採用する

　近年は採用において超売り手市場となっており、採用に苦労していない会社は皆無に近いと言えます。それは新卒も中途も同様です。以前に比べて従業員の働く価値観が変化し、同じ会社に定年まで勤めることの方が珍しくなってきているのではないでしょうか。これに伴い、労働市場の流動性は高まっているものの、少ないパイを奪い合う状態になっています。

　以前であれば採用の苦労も業種によって異なる傾向がありました。例えば、飲食業や介護等の業種は肉体的にもハードな割に賃金が低いと言われることが多く、パート・アルバイト等の非正規社員に依存した採用スタイルでした。最近はファーストフードやコンビニエンスストアに外国人が働いていることは珍しくありませんよね。同様に定年を過ぎた方も労働市場の一角を占めるグループであり、年齢、国籍、経験等、様々なバックボーンを持った方々が労働市場にいるような状況なのです。

　ここで質問。皆様の会社では、どのような人財を採用したいですか？

　これだけ労働市場の人財が多様化している、しかも少子高齢化で採用そのものが難しくなっている、そのような環境下で、皆様は採用基準をお持ちでしょうか？

　下図は、経団連が会員企業へのアンケートとして採用選考時に重視した事項の上位項目です。ダントツ１位は、やはりといって良いのでしょうか、「コミュニケーション能力」でした。以降、「主体性」「チャレンジ精神」「協調性」と続きます。当然にこの内容には職場特性が反映されているはずです。例えば、営業系の職種であれば、顧客に飛び込む「チャレンジ精神」や、顧客ニーズを汲み取って形に変える「課題解決能力」が求められる傾向があると思います。一方、製造系の職種であれば、チームでモノづくりを進めるための「協調性」や、品質にこだわるための「責任感」というものが求められることでしょう。ただ、どのような職場においても、

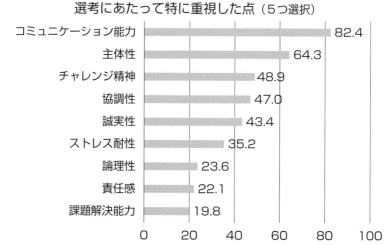

選考にあたって特に重視した点（5つ選択）

- コミュニケーション能力　82.4
- 主体性　64.3
- チャレンジ精神　48.9
- 協調性　47.0
- 誠実性　43.4
- ストレス耐性　35.2
- 論理性　23.6
- 責任感　22.1
- 課題解決能力　19.8

（出所）2018年度新卒採用に関するアンケート調査結果（一般社団法人　日本経済団体連合会）

「コミュニケーション能力」は確実に必要とされているという点が、この結果から見て取れるところです。

　しかしながら、入社後の新卒退職率は3年以内で3割に達すると言われています。「最近の若者は辛抱強さが足りない」「石の上にも3年ではないか」とぼやいたところで、事態が進展するわけではありません。近年はインターンシップに代表されるように、採用手段を工夫することで、ミスマッチが生じないよう各社努力されています。非常に重要な取組みですし、今後も採用する側／される側で情報格差が発生することのないよう、オープンなコミュニケーションがなされることと思います。ただ、それだけで欲しい人財を採用することができるのでしょうか？

　ここでお伝えしたいのは「価値観」というキーワードです。

　価値観を辞書で調べると、「個人もしくは集団が世界の中の事情に対して下す価値判断の総体」、「物事を評価する際に基準とする、何にどういう価値を認めるかという判断」、「物事の優先順位、重み付けの体系」といった表現がなされています。

　つまり、各社において人財に対する価値観が採用に反映されていなけれ
ばならず、それが「求める人財像」そのものなのです。

　何となく「コミュニケーション能力が高い人が良い」「主体性のある人
が良い」、おそらくどんな組織でも、それは求められる人財像なのだと思
います。多様化する労働市場、ビジネスにおいても多様性が求められてい
る中で、本当にそれが会社の価値観なのか、改めて再確認いただきたいと
考えます。

　また、「求める人財像」は、その共有が極めて重要です。当社に入社し
ようと考えている方にはホームページや会社説明会で強調することになり
ますが、現在の従業員に対しても当然に共有が必要です。育成や人事評価
の軸となるからです。

⑤　人財が育つためには

　役員1年目として、皆様はどのように部下育成に関与されることを想定していますか。「優秀な人材は放っておいても育つものだ」という意見はごもっともですが、皆様は役員という立場である以上、仕組みを用いた人財マネジメントを行うことが求められています。下図にて、能力開発方法を分類して整理しています。

　皆様が最もピンとくるのはOJTではないでしょうか。「どんなに座学や自己学習を通じてもやはりOJTが一番である」、「少なくとも自分はそう育ってきた」という方は多いと思います。このOJTも仕事を通じた能力開発という点からは、職場環境によって2つに大別できます。1つは業務割当によるOJTで、現場の上司や先輩の裁量によるところが多い部分です。営業系の職種では、いわゆるかばん持ちとして上司や先輩に同行させるケースは今でも多いでしょうし、製造系では業務マニュアル等を用いて担当業務を習得させるような育成を行っていることと思います。以前は上司や先輩が「背中を見せる」スタイルで、本人が技術を盗むような育成方

能力開発方法の分類（例）

法が主流だったケースもあったでしょうが、昨今は、本人に日報を書かせたり定期的な面談にてフォローする等、組織として育成の場を設けるケースが増えています。やはり、ジェネレーションギャップもあり、教わる側の意識の多様化に対応するとともに、底上げを図る側面もあるのだと思われます。

　同じOJTでも異なる職場環境にて実施されるのが「ローテーション」や「配置」です。これは会社によっても異なりますし、同じ会社でも部門や従業員によって異なるケースがあります。

　かつての大企業では総合職としてゼネラルな知識・経験を積ませるため、多くの部門を異動させるようなローテーションがなされていました。現在も、そこまでではないものの、少なくとも30歳までには3部門経験させた上で適性を判断した配置を実施している企業は増えています。もし、皆様の会社でも同様のローテーションを実行しようとする場合、懸念となりかねないのが現場の部門長からの抵抗です。優秀な人材を囲い込みたい気持ちは皆様も重々分かるでしょうし、「彼が異動すると顧客が離れて売上が下がりかねない」と言われたときに、強く言い返すことができますでしょうか？金融機関や商社等では「強い人事部」が存在し、全社最適での人員配置を実践していますが、多くの会社においては、人事部よりも現場に実質的な人事権があることでしょう。

　ここで求められる役員の役割が「部門間の調整」です。「求める人財像」を育成するための手段として部門を横断するローテーションが必要であるならば、その実現のために部門長を納得させるような働きかけを役員が自ら実施する必要があるのだと考えます。もちろん、それらを人事部も巻き込んで制度化する、それ以外にも自己申告制度や社内公募制度等の仕組みを検討することも全社を見る立場の役員だからこその役割ではないでしょうか。

　もちろん、専門人財を育成するのであれば、部門横断よりも部門内での育成が主流なのは現在も同様です。ただ、最近よくお伺いする声としては、

例えば、経理専門職であっても、現場の業務を知らないと仕事が回らないという話です。経理に集まる各種伝票の意味や現場での慣習に関してのやり取りで通訳が必要な状態になってしまうケースがあるようです。営業専門職でも技術的な知識が求められるように、顧客ニーズが高く複雑化している昨今では、人財育成方法も多様化していると言えます。

　一方で、仕事を離れた能力開発方法としては、個人型と集合型に大別されます。個人型の代表例はe-learningや通信教育等ですし、集合型は社内外での研修が分類されます。これらは会社として階層や職種に応じた教育体系をどのように整備するかがポイントです。受講そのものを昇格要件の1つに組み込んだり、自らが講師役となって社内展開するような工夫をしている会社もあります。ただ、能力開発における時間的なウエイトは、OJTが80〜90％、自己学習が10％から多くて20％、研修はせいぜい1％に過ぎないと言われています。つまり、これら研修はきっかけにすぎず、そこからOJTを進めていく、それを自己学習にて補完するというのが、求める能力開発の流れであると考えます。

　また、コロナ禍においては、「集合研修ができない」「リモート方式の研修では効果が出にくい」といった声がよく聞かれます。確かに、参加者個々の顔を見ながらの指導や、グループディスカッションに代表される双方向でのコミュニケーションは、各種WEB会議システムが高度化しても限界があると言えます。その一方で、場所や時間に縛られずに研修を受講させることができる機会も増えてきています。OJTとOFF-JTの使い分けをより意識した人財育成を行う必要があると言えます。

【コラム】（サクセッションプラン）

　近年、「サクセッションプラン」という言葉を聞く機会が増えていると思います。皆様もひょっとしたらそのプランに沿って役員に就任されたのかもしれません。

　サクセッションプランとは「後継者育成計画」のことであり、重要なポジションを任せる人財を長期的に育成することを指します。かつては金太郎飴のように同じような教育機会を公平に与え、その中で時間をかけて重要なポジションの人財を選抜してきたものの、それでは育成のペースが遅く、外部環境の変化についていけなくなってしまうこともあり得ます。そこでこのサクセッションプランは、ある種の「えこひいき」を行うこととなります。当然、運用上は周囲からの反発もあることから、選んだ側/選ばれた対象者側双方で覚悟を持って進める必要があります。

　下図では、サクセッションプラン導入に当たっての論点をまとめています。

サクセッションプラン導入の論点（例）

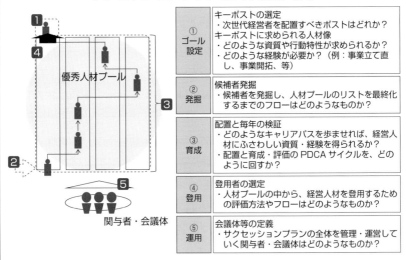

①	ゴール設定	**キーポストの選定** ・次世代経営者を配置すべきポストはどれか？ **キーポストに求められる人材像** ・どのような資質や行動特性が求められるか？ ・どのような経験が必要か？（例：事業立て直し、事業開拓、等）
②	発掘	**候補者発掘** ・候補者を発掘し、人材プールのリストを最終化するまでのフローはどのようなものか？
③	育成	**配置と毎年の検証** ・どのようなキャリアパスを歩ませれば、経営人材にふさわしい資質・経験を得られるか？ ・配置と育成・評価のPDCAサイクルを、どのように回すか？
④	登用	**登用者の選定** ・人材プールの中から、経営人材を登用するための評価方法やフローはどのようなものか？
⑤	運用	**会議体等の定義** ・サクセッションプランの全体を管理・運営していく関与者・会議体はどのようなものか？

　ゴールとなるキーポストを設定した上で、「発掘」「育成」「登用」のステップが運用できる体制を構築することが求められます。役員1年目の皆様もご自身の分身をどのようにして発掘、育成、登用するかを検討しなければならなくなるはずです。行き当たりばったりではなく、戦略的に意図を持ったフローが求められています。

⑥ リーダーシップを 発揮する / 発揮させる

　役員１年目の皆様も耳が痛くなる話かもしれません。下図をご覧ください。

　日本経営協会における人材白書にて、「リーダーとなる人材の不足」が課題として多数を占める結果が示されました。

　皆さんは、リーダーは先天的なもの、後天的なもの、どちらだと思いますか？確かに先天的な要素もあるでしょうが、後天的、つまり後から学び取れるものもあると考えられます。辞書でリーダーシップとは「指導者たる地位または任務」「指導者としての資質、能力、力量、統率力」とあります。ここで、リーダーシップに不可欠な要素を５つ紹介します。

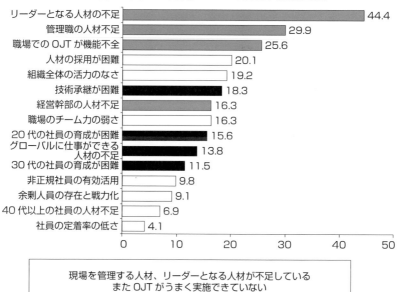

「人材」に関して認識している課題（複数回答）

課題	値
リーダーとなる人材の不足	44.4
管理職の人材不足	29.9
職場でのOJTが機能不全	25.6
人材の採用が困難	20.1
組織全体の活力のなさ	19.2
技術承継が困難	18.3
経営幹部の人材不足	16.3
職場のチーム力の弱さ	16.3
20代の社員の育成が困難	15.6
グローバルに仕事ができる人材の不足	13.8
30代の社員の育成が困難	11.5
非正規社員の有効活用	9.8
余剰人員の存在と戦力化	9.1
40代以上の社員の人材不足	6.9
社員の定着率の低さ	4.1

現場を管理する人材、リーダーとなる人材が不足している
またOJTがうまく実施できていない

（出所）日本経営協会「人材白書」

1. Skill（スキル）
   - 専門性を活かした職務遂行能力（いわゆる技能、技量にあたる能力）

2. Strength（強さ）
   - 「身体の強さ」及び「精神的な強さ」
   - 精神的な強さとは逆境や厳しい試練の場に立たされても動じぬ心強さのこと

3. Sensitivity（感受性）
   - 相手の立場や気持ちに対する思いやり
   - 部下や人の痛み・弱さ・つらさ・悲しさがわからなければ、人を心から納得させることなどおぼつかない

4. Smile（スマイル）
   - 常にスマイルを持つということは、相手に対する思いやりの心のあらわれに他ならない
   - 心に余裕のないリーダーでは、人をうまく統率することはおぼつかない

5. Sacrifice（犠牲）
   - 時と場合によっては、全体のため、人のために自己犠牲もやぶさかでない、という気持ちと姿勢と行為のこと

　皆様はどの程度、この要素を持ち合わせているでしょうか。

　おそらく皆様にも目指すべきリーダーがいらっしゃるでしょうし、そうなりたいと思っていらっしゃることと思います。ただ、その人のマネをしても同じようなリーダーになるのは困難であり、いかに自分らしさを出すかが求められていることでしょう。

　リーダーシップそのものに関して、要素としては前述したものが挙げられますが、必ずしも普遍的なものではありません。なぜならば、環境変化やビジネスの変化に伴い、リーダーに求められる要素も変化しつつあると

言えるからです。

　下図には、求められるリーダーシップスタイルの「今まで」と「これから」の変化を図示しています。

　外部／内部環境の変化については、先ほども述べていますが、特に価値観の変化として、従来は同じ価値観による経験値や習熟重視だったものが、多様な価値観に変化することで役割や貢献重視になっている点は、様々な施策や意思決定に影響を及ぼすと考えます。

　そのため、組織管理においても、ガチガチに中央集権的に管理するよりも、変化を前提とした信頼関係を構築することが必要になってきています。つまり、皆様においても過去の成功体験が必ずしも今後は通用しない、だからこそ前例踏襲ではなくゼロベースで問題解決をすることが求められてくるはずです。近年はプロパーの経営者ではなく、「プロ経営者」が外部

求められるリーダーシップスタイルの変化

	今まで	これから
外部環境	市場の拡大、右肩上がりの経済成長 知名度・規模・シェアによる安定的な競争	市場の拡大→縮小の変化 "顧客への価値提供"による競争
内部環境	ほぼ同じ価値観の人材で構成・経験値・習熟重視	多様な価値観をもった人材で構成・役割・貢献重視

組織管理のキーワード	継続、計画重視、効率重視、改善、序列・職位による管理	変化、ビジョン・戦略重視、効果重視、革新、影響力・信頼感による管理
組織体制・文化	官僚的組織、中央集権、多くの階層 内向的文化、リスクの回避	非官僚組織、権限委譲、フラット組織 外に目を向ける文化、リスクの許容

計画策定 実行管理	"対前年"基準の計画策定・管理	外部環境・資源の変動を考慮した計画策定・管理
問題解決 ロジカルシンキング	前例・過去のやり方の踏襲	ゼロベースでの問題解決
統率力	役職・地位による統率	経営知識とリーダーとしての人格による統率
コミュニケーション	上から下へ （1WAYコミュニケーション）	双方向 （2WAYコミュニケーション）

から招かれて経営がなされる企業もよく見かけます。それがうまくいった
ケース、失敗に終わったケースそれぞれあるものの、非連続の経営環境で
あるが故の人選がなされている点は、皆様もご納得されることと思います。

⑦　モチベーションを向上させる

　皆様は今、役員1年目として、高いモチベーションをお持ちだと思います。その源泉はどこにあるでしょうか。そして部下やその他従業員に対して、どこをくすぐればモチベーション向上につながるか、理解できているでしょうか。

　下図ではモチベーション向上の視点として5つにまとめています。

　「給与が上がること」「賞与で業績還元されること」これらは当然にモチベーションが向上する要因です。そしてその決定には皆様も関与されるでしょうから、極めて重要な役割であることは言うまでもありません。ただ、図にも示しているように、「処遇」は足りないと不満が発生する「衛生要因」でもあります。一度もらってしまうとまるで既得権のようになってしまうように、翌年以降も上げ続けない限りはモチベーションとしては限定的であると言わざるを得ません。労働環境もある種権利のような側面があ

モチベーション向上の視点

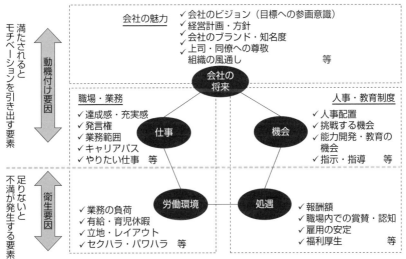

り、低下したとたんにマイナス要因として作用します。一方で、「動機付け要因」となるのは「会社の将来」「仕事」「機会」の3つです。これらは満たされるとモチベーションが引き出されるのですが、重要なのはこれに関与するのは皆様自身であるという点です。

  ・会社や部門は何をしようとしており、どこに向かっているのか
  ・一定の裁量が与えられ、やりたい仕事をやっているのか
  ・自ら能力開発する機会が与えられているか

　このような質問に対して、胸を張って答えられるのであれば、あなた自身のモチベーションは高いはずですし、部下も同様に答えられるよう、情報や場を与えて考えさせることも重要な育成手段と言えます。

⑧　人事制度を運用する

　これまで、環境変化に合わせてリーダーシップを発揮し、価値観の合う人財を採用・育成し、モチベーションを向上させる人財マネジメントについて、お伝えしてきました。

　ここでその人財マネジメント機能の中核を成す人事制度について、その位置付けを確認させてください。

　皆様の会社にも人事制度があるはずです。どんな特徴を持っていますか？

　人事制度は下図にもあるように、経営理念や経営方針を求める人財像を通じて実現するための道具であり、各社各様です。一般論として年功序列ではなく能力主義や成果主義、複線型等級体系や360度評価、年俸制等の

人事制度の全体像

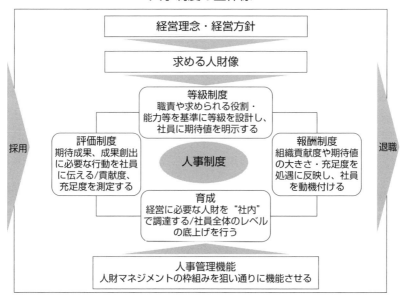

手法はあるものの、それらは経営陣から従業員へのメッセージとして機能していなければなりません。

1．等級制度
　・「等級」や「グレード」といった区分で、職責や役割、能力等を整理
　・等級定義（要件）に何を期待しているかが明示されていることが重要

2．評価制度
　・等級ごとに求められる能力や行動、成果を測定
　・定量評価があると客観的であるが、定性評価も含め納得感を持たせる工夫が必要
　・査定機能とともに評価のフィードバックを通じた育成機能も有する

3．報酬制度
　・給与や手当、賞与、退職金等で構成
　・会社業績や評価結果をどのように処遇に反映させるかがポイント

4．育成
　・OJT と OFF-JT にて構成
　・すぐに効果が出るわけではないため、属人的であったり場当たり的にならないよう、組織として意図を持ち、かつ継続し続けることが重要

5．人事管理機能
　・人事制度の運用や労務コンプライアンスの徹底等を統括
　・人事部組織が孤立せず、経営陣や現場の意向を常に取り入れることが重要

このような分解を行うと、自社の人事制度の特徴が整理できることでしょう。

　しかしながら、どんなに立派な人事制度でもそれが適切に運用されていないケースが散見されます。原因は、経営者や評価者の理解不足、環境変化に伴う陳腐化やメンテナンス不良等が挙げられます。

　人事制度は運用が命です。あくまでも「道具」に過ぎませんので、その道具の使い方を役員はもちろん、評価者である管理職、ひいては被評価者も理解し、使いにくいのであれば使いやすく修正するよう、注意を払っていただく必要があります。

⑨　労務コンプライアンス管理を徹底する

　業種や企業規模の大小を問わず、過重労働や未払賃金等、労務面でのコンプライアンス違反の発生が後を絶ちません。役員として使用者である以上、正しい知識を身に着け対処し、自社がコンプライアンスを遵守するよう徹底した取組みが必要です。

労働時間の適正な把握

　労働基準法においては、労働時間、休日、深夜業等について規定を設けていることから、使用者は、労働時間を適正に把握する等労働時間を適切に管理する責務を有していることは明らかです（平成13.４.６基発第339号通達）。

　しかしながら、自己申告制の不適正な運用に伴い、割増賃金の未払いや過重な長時間労働といった問題が生じている等、使用者が労働時間を適切に管理していない状況もみられるという観点から、厚労省は、「労働時間の適正な把握のために使用者が講ずべき措置に関する基準」を明示しています（下表にて平成13.４.６基発第339号通達より抜粋）。必ずしもタイムカード等を導入する必要はありませんが、客観的な記録・管理が必要とされることとなります。

時間外労働の未払賃金管理

　時間外労働の未払いが万一発生した場合、賃金の請求権の時効は２年であることから、最大２年間の遡及払いを課せられる可能性があります。

　外部公表されることから、法令違反のリスクのほか、下記リスクを伴うおそれがあります。

　・レピュテーションリスク（会社の評判低下により、顧客対応や採用等

に影響が出るおそれ）

・士気、モチベーションの低下リスク（従業員の会社への信頼感の低下
により離職者が出るおそれ）

割増賃金への反映方法と各種労働時間制の採用

　業態によっては、1日8時間、週40時間の原則が勤務実態にそぐわない
ため、みなし労働時間制を採用している企業も多く、基本的な種類は認識

労働時間の適正な把握のために使用者が構ずべき措置に関する基準（一部抜粋）

その1　始業・終業時刻の確認・記録
使用者は、労働時間を適正に管理するため、労働者の労働日ごとの始業・終業時刻を確認し、これを記録すること。

その2　始業・終業時刻の確認及び記録の原則的な方法
使用者が始業・終業時刻を確認し、記録する方法としては、原則として次のいずれかの方法によること。
（ア）　使用者が、自ら現認することにより確認し、記録すること。
（イ）　タイムカード、IC カード等の客観的な記録を基礎として確認し、記録すること。

その3　自己申告制により始業・終業時刻の確認及び記録を行う場合の措置
その2の方法によることなく、自己申告制により行わざるを得ない場合、以下の措置を講ずること。
（ア）　自己申告制を導入する前に、その対象となる労働者に対して、労働時間の実態を正しく記録し、適正に自己申告を行うことなどについて十分な説明を行うこと。
（イ）　自己申告により把握した労働時間が実際の労働時間と合致しているか否かについて、必要に応じて実態調査を実施すること。
（ウ）　労働者の労働時間の適正な申告を阻害する目的で時間外労働時間数の上限を設定するなどの措置を講じないこと。また、時間外労働時間の削減のための社内通達や時間外労働手当の定額払等労働時間に係る事業場の措置が、労働者の労働時間の適正な申告を阻害する要因となっていないかについて確認するとともに、当該要因となっている場合においては、改善のための措置を講ずること。

（出所）厚生労働省「労働時間の適正な把握のために使用者が構ずべき措置に関する基準」

しておくことを推奨します。

　i）事業場外労働（労働基準法38の２）

　　　営業職のように１日の大半を社外で勤務し、かつ、使用者の具体的な指揮命令が及ばず、労働時間の算定が困難な業務の場合に、原則として所定労働時間労働したものとみなす規定です。業務遂行のために必要と見込まれる時間が、通常の所定労働時間を超える場合には時間外手当が必要となります。また、法定労働時間（１日８時間）を超えた時間をみなし労働時間とする場合には、労使協定を締結し労働基準監督署（以下、「労基署」）に届け出る必要があります。

　　　営業職に対して「営業手当」を支給するケースが見受けられますが、勤務実態を定期的に把握し、割増賃金に相当するみなし時間数と乖離していないか、留意する必要があります。

　　　なお、下記のような場合には事業場外労働であっても、使用者の具体的な指揮命令が及んでおり、労働時間の算定が可能であるため当該規定は適用されないこととなります。

　・何人かのグループで業務につき、そのメンバーのなかにリーダー等がおり、労働時間の把握ができる場合
　・社外で業務に従事していても、携帯等で常時使用者の指揮命令を受けながら労働している場合
　・社内で訪問先や帰社時刻等、当日の業務の具体的指示を受けた後、社外で指示通りに業務に従事し、その後帰社する場合

　ii）裁量労働制

　　　性質上、業務の遂行方法を労働者本人の裁量に委ねることができる制度として、専門業務型裁量労働制及び企画業務型裁量労働制が規定されています。

　a．専門業務型裁量労働制（労働基準法38の３）

　　　研究開発業務等、労働者の裁量の余地が大きく、その報酬も労働の質や成果によって決定されるのが適切な専門的業務について、労

使協定で定める時間労働したものとみなされる規定です。対象業務が下記に示す19業務に限定されており、業務の遂行手段や時間配分等に関し、使用者が具体的な指示をしない等の制約があります。

1. 新商品もしくは新技術の研究開発または人文科学もしくは自然科学に関する研究の業務
2. 情報処理システムの分析または設計の業務
3. 新聞もしくは出版の事業における記事の取材もしくは編集の業務または放送番組の制作のための取材もしくは編集の業務
4. 衣服、室内装飾、工業製品、広告等の新たなデザインの考案の業務
5. 放送番組、映画等の制作の事業におけるプロデューサーまたはディレクターの業務
6. コピーライターの業務
7. システムコンサルタントの業務
8. インテリアコーディネーターの業務
9. ゲーム用ソフトウェアの創作の業務
10. 証券アナリストの業務
11. 金融工学等の知識を用いて行う金融商品の開発の業務
12. 大学における教授研究の業務
13. 公認会計士の業務
14. 弁護士の業務
15. 建築士の業務
16. 不動産鑑定士の業務
17. 弁理士の業務
18. 税理士の業務
19. 中小企業診断士の業務

b. 企画業務型裁量労働制（労働基準法38の4）

　事業の運営に関する事項について、企画、立案、調査および分析

の業務を行う事務系労働者について、業務の遂行手段や時間配分を自らの裁量で決定し、使用者が具体的な指示をしない制度です。労使委員会の設置、労使委員会における裁量労働に関する決議およびその届出が必要で、当該業務、業務に必要な時間等を決議した場合、その業務に従事した労働者は決議で定めた時間労働したものとみなされることとなります。

iii）定額残業制（固定時間外手当）

　上述した事業場外労働及び裁量労働制の対象業務となりませんが、基本給または別途手当に一定の時間外労働分を含める旨の雇用契約を締結しているケースが見受けられます。判例（昭和63年10月26日大阪地裁判決、平成3年8月27日東京地裁判決）では、定額残業制は一定のルールを定めて行えば適法であるとされており、従業員に対して効率的な業務遂行を促す効果もあるため、導入企業は増加傾向にあります。

　定額残業制の導入・運用においては、下記の点に留意する必要があります。

割増賃金への反映方法と労働時間制の採用

	法定労働時間を上回る時間外労働	法定休日の労働	深夜労働
割増賃金率	25%以上	35%以上	左記 +25%以上
管理監督者	×	×	○
事業場外みなし労働時間制	×	○	○
企画・専門業務型裁量労働制	×	○	○
定額残業制	○（みなし時間超の場合）	○	○
上記以外	○	○	○

・賃金（基本給や手当）に含まれる時間外手当を明確にし、それが何時間分の割増賃金に該当するかを就業規則および雇用契約書に明示すること
・実際の時間外労働が賃金に含まれる時間を超える場合には、その差額を支払うことを就業規則及び雇用契約書に明示すること
・賃金台帳に固定時間外手当として計算された金額を記載すること
・基本給が最低賃金を下回らないこと

第2章　まとめ

　第2章のまとめとして、新任役員として人財をマネジメントする際のポイントを以下に示します。

○人財面の環境変化を常にキャッチアップし、ニューノーマルを見据えて自社としての打ち手を考える

　少子高齢化や働き方改革等は待ったなしで進行しています。コロナ禍でその動きはさらに早まっています。採用や労務管理等における自社の課題を認識し、より従業員に近い立場として、その打ち手を考えることが求められます。

○価値観を採用や育成、人事制度に反映させる。

　ビジネスのルールそのものが変化する環境下においては、自社の弱みを克服するよりも強みに磨きをかけることが重要となります。そのためには、求める人財像に代表される価値観を自社として明確化し、それを採用や育成、人事制度に反映させることが重要です。

○モチベーションを鼓舞し続ける。

　従業員のモチベーションは常に変化します。動機付け要因となる「会社の将来」「仕事」「機会」を常に考え、率先垂範することが新任役員としての皆様自身の成長につながることでしょう。

第3章

会計の勘所
（経営者目線、役員はココを視る）、
役員がおさえておくべき
会計ルール

① 財務会計の基礎
（貸借対照表、損益計算書、キャッシュ・フロー計算書）

財務諸表（F/S＝ファイナンシャル・ステートメント）

　企業は、株主、債権者等の多くの利害関係者を有しています。この利害関係者に対して会計情報を報告するために作成するものが財務諸表です。

　基本的かつ重要な財務諸表は以下の3つです。

1. 貸借対照表（B/S＝バランス・シート）
2. 損益計算書（P/L＝プロフィット＆ロス・ステートメント）
3. キャッシュ・フロー計算書（C/F＝キャッシュ・フロー・ステートメント）

順に説明していきます。

貸借対照表（B/S＝バランス・シート）

貸借対照表とは

　貸借対照表は、一時点の財政状態の報告書です。借方（左側）に資金の

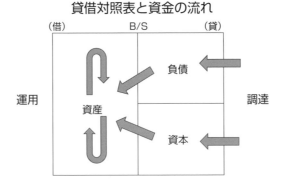

貸借対照表と資金の流れ

運用状況を示し、貸方（右側に）に資金の調達状況を示しています。

借方に記載される資金の運用状況は資産として表され、貸方に記載される資金の調達源泉は、負債あるいは資本（純資産）として表されます。

「資産＝負債＋資本（純資産）」は、貸借対照表の基本公式です。

貸借対照表の区分

・資産は、流動資産、固定資産に区分され、固定資産は更に有形固定資産、無形固定資産、その他投資に区分される。それぞれ、さらに具体的な項目（勘定科目）に区分されます。

・負債は、営業債務や借入金で、期限に返済が必要なものです。他人資本とも呼ばれます。短期のものは流動負債と長期のものは固定負債に区分され、それぞれ、さらに具体的な項目（勘定科目）に区分されます。

・純資産は、株主資本、評価・換算差額等、新株予約権に区分されます。株主資本は、資本金・資本剰余金・利益剰余金に区分されます。資本金・資本剰余金は、株主からの出資であり、基本的に返済の必要がなく、儲かった時に配当等で報いることになります。利益剰余金は獲得した利益から株主への配当を差し引いた金額の累積になります。純資産は返済義務がないため自己資本とも呼ばれます。

・資産は概ね資金化しやすい順番、負債は概ね支払いを期限の近い順番で上から並んでいます。（下表）

押さえておきたい貸借対照表の3つの状態

貸借対照表の純資産に着目した場合、大きく言って3つの状態があります。

・事業が安定し利益を計上できるようになれば、利益が蓄積されていくため利益剰余金の金額が大きくなっていきます。これが健全な状態です。

貸借対照表（B/S）

資産の部		負債の部	
流動資産		流動負債	
現金預金	×××	支払手形及び買金	×××
受取及び売掛金	×××	未払金	×××
有価証券	×××	短期借入金	×××
棚卸資産	×××	賞与引当金	×××
貸倒引当金	△×××	その他	×××
流動資産合計	×××	流動負債合計	×××
固定資産		固定負債	
有形固定資産		社債	
建　　物	×××	長期借入金　建物	×××
機械装置	×××	退職給付引当金　機械装置	×××
土地	×××	その他	×××
有形固定資産合計	×××	固定負債合計	×××
無形固定資産		負債合計	
ソフトウェア	×××	純資産の部	×××
商標権	×××	株主資本	×××
無形固定資産合計	×××	資本金	×××
投資その他の資産		資本剰余金	
関係会社株式	×××	利益剰余金	×××
投資有価証券	×××	自己株式	△×××
長期前払費用	×××	株主資本合計	×××
貸倒引当金	×××	その他の包括利益累計額	×××
投資その他の資産合計	△×××	その他有価証券評価差額金	×××
固定資産合計	×××	繰延ヘッジ損益	×××
繰延資産		土地再評価差額金	
創立費	×××	為替換算調整勘定	×××
開業費	×××	…	×××
株式交付費	×××	その他の包括利益累計額合計	×××
社債発行費等	×××	新株予約権	×××
開発費	×××	非支配株主持分	×××
繰延資産合計	×××	純資産合計	×××
資産合計	×××	負債及び純資産合計	×××

　一方、赤字により利益剰余金がマイナスになることがありますが、この状態を繰越損失金がある状態といいます。

　さらに、この繰越損失金が資本金・資本剰余金の金額より大きくなった場合を債務超過といいます。現在の資産では、負債の一部あるいは全部を

貸借対照表の３の状態

返済できない状態のことをいいます。債務不履行の可能性が高い状態になります。

　なお、債務超過そのもので何かが起きるわけではありませんが、銀行から金利を引き上げられたり、融資を引き揚げられたりする可能性があり、上場企業の場合は、１年以内に債務超過を解消できないと上場廃止になり、資本市場の道も絶たれ、事業継続が困難になっていきます。

損益計算書（P/L＝プロフィット＆ロス・ステートメント）

損益計算書とは

　損益計算書は、一定期間の経営成績の報告書です。その経営成績は利益という形で記されます。「利益＝収益−費用」という公式が損益計算書の基本公式です。（下図）

段階利益の計算プロセス

　そして、利益の計算プロセスを５段階にして算出することになっています。

　５つの利益は、それぞれに意味をもっており、その算出プロセスは以下のとおりです。

・**売上総利益**：「売上高」から、仕入原価や製造原価である「売上原価」を差し引くことで算出され、俗に粗利益とも呼ばれます。売上原

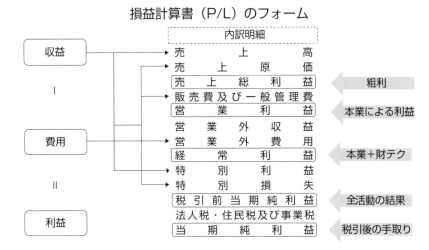

損益計算書（P/L）のフォーム

価は、製品や商品にかかったコストのうち売れた分だけで計算されます。

・**営業利益**：「売上総利益」から「販売費及び一般管理費」を差し引くことで算出する利益です。「販売費及び一般管理費」とは、営業マンの給料など販売にかかるコストである販売費と、事業所の維持などにかかる一般管理費のことで、「販管費」と略されることが多いです。売上原価や販管費は、本業に必要不可欠コストであり、営業利益は本業の利益を表しているといえます。

・**経常利益**：営業利益に営業外収益と営業外費用を加減することで算出される利益です。営業外収益とは、受取利息や受取配当金等、営業外費用とは、支払利息など、主に金融収益と費用が該当します。これらは、経営において常に発生する損益です。そのため本業の利益に、営業外損益を加味して経常的な経営成績として経常利益を算出するのです。

・**税引前当期純利益**：税引前当期純利益は、経常利益に特別利益と特別損失を加減することで算出されます。特別利益、特別別損失とは、固定資産の売却による損益や風水害、火災など普段では発生しないよう

な損益のことをいいます。よって、税引前当期純利益が急増減している場合は、会社に何らかの事態が起こったとも考えられます。

・**当期純利益**：税引前当期純利益から法人税・住民税・事業税などの税金を差し引いて計算される利益です。

販売費及び一般管理費、営業外損益、特別損益は、より詳細な科目に区分されます。具体的には、下記のような報告書になります。

損益計算書（P/L）

売上高	×××
売上原価	×××
売上総利益	×××
販売費及び一般管理費	
販売手数料	×××
広告宣伝費	×××
給料	×××
賞与	×××
貸倒引当金繰入額	×××
減価償却費	×××
その他	×××
営業利益	×××
営業外収益	
受取利息	×××
受取配当金	×××
その他	×××
営業外費用	
支払利息	×××
その他	×××
経常利益	×××
特別利益	
固定資産売却益	×××
貸倒引当金戻入額	×××
その他	×××
特別損失	
固定資産売却損	×××
その他	×××
税金等調整前当期純利益	×××
法人税等	×××
当期純利益	×××

キャッシュ・フロー計算書（C/F＝キャッシュ・フロー・ステートメント）

キャッシュ・フロー計算書とは

キャッシュ・フロー計算書は一定の会計期間の資金の流れの状況を企業の活動区分（営業活動・財務活動・投資活動）毎に計算した報告書です。

・**営業活動によるキャッシュ・フロー：**

「営業活動によるキャッシュ・フロー」とは、その企業の中心的な事業が、いくら資金を生み出しているのかを示す項目です。この項目が

キャッシュ・フロー計算書（C/F）

Ⅰ 営業活動によるキャッシュ・フロー	
税金等調整前当期純利益	×××
減価償却費	×××
売上債権の増加額	△××
たな卸資産の増加額	△××
仕入債務の増加額	×××
その他の資産及び負債の増加額	×××
小計	×××
利息及び配当金の受取額	×××
利息の支払額	△××
法人税等の支払額	△×××
営業活動によるキャッシュ・フロー	×××
Ⅱ 投資活動によるキャッシュ・フロー	
有形固定資産等の取得による支出	△×××
有形固定資産刀の売却による収入	×××
その他	×××
投資活動によるキャッシュ・フロー	△×××
Ⅲ 財務活動によるキャッシュ・フロー	
長期借入による収入	×××
長期借入金の返済による支出	△×××
株式の発行による収入	×××
配当金の支払額	△××
その他	△××
財務活動によるキャッシュ・フロー	×××
Ⅳ 現金及び現金同等物の増加額	×××
Ⅴ 現金及び現金同等物の期首残高	×××
Ⅵ 現金及び現金同等物の期末残高	×××

プラスなら事業が資金を生み出しており、マイナスなら事業によって資金を食いつぶしていると判断できます。マイナスの場合は、在庫圧縮や売掛金回収サイト短縮、買掛金支払延期などを検討する必要が出てきます。

・**投資活動によるキャッシュ・フロー：**
「投資活動によるキャッシュ・フロー」とは、設備投資や、事業への投資といった投資活動による現金の流れを示しています。
マイナスになっているということは固定資産などを購入しているということであり、プラスになっているということは保有する固定資産などを売却して資金を得ているということです。

・**財務活動によるキャッシュ・フロー：**
会社が資金不足に陥ったときの資金調達方法と、借りたお金の返済方法を表すのが「財務活動によるキャッシュ・フロー」です。銀行からの借入や返済、株式の発行などがここに含まれます。
営業キャッシュ・フローがプラスで、しっかり借入金を返済していれば、財務キャッシュ・フローはマイナスになります。プラスの場合は融資や出資を受けていることを示します。

キャッシュ・フロー計算書の作成義務

キャッシュ・フロー計算書の作成が義務付けられているのは、主に上場会社であり、一般の株式会社については、作成は義務付けられていません。そのため非上場会社についてはキャッシュ・フロー計算書を見ることが出来ないので注意しましょう。

貸借対照表、損益計算書、キャッシュ・フロー計算書の関係

3つの財務諸表の関係

貸借対照表（BS）は、一時点の財政状態の報告書です。
損益計算書（PL）は、一定期間の経営成績の報告書です。

キャッシュ・フロー計算書（CF）は一定期間の資金の流れの状況を企業の活動区分（営業活動・財務活動・投資活動）ごとに計算した報告書です。

この3つの財務諸表の関係を示すと以下になります。

・**BS と PL の関係**：

PL で獲得した当期純利益が BS の純資産の利益剰余金に加減算される関係があります。

・**BS と CF の関係**：

BS 前期末キャッシュ残高と BS 当期末キャッシュ残高は、それぞれ当期のキャッシュ・フロー計算書の期首キャッシュ残高と期末キャッシュ残高と繋がっているという関係があります。

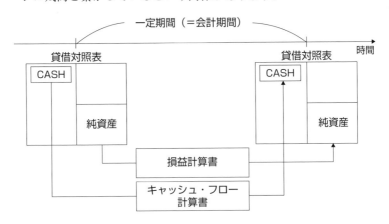

財務諸表の活用方法

それぞれの財務諸表を理解し、各財務諸表の関連性を理解する。そして、実際に自社の財務諸表を読んでみる。ここで終わってはいけません。

単年度の財務諸表だけでなく、それぞれの財務諸表の大項目の長期的な推移（長ければ長いほど良い）を分析することをお勧めします。その際、外部環境（市場規模や規制の改変）の推移やライバル社の財務諸表も併せ

て分析をしましょう。目立った傾向、目立った増減がある項目については、より詳細な勘定科目ベースに落としこんで分析しましょう。

　その分析結果を他の役員や部下を集めて議論することで、それぞれの会社の特徴や戦略らしきものが見えてくるのではないでしょうか。

〈企業分析事例〉

　下記の事例では、以下のような状況が伺えます。

　あるドラッグストア企業を分析しています。まず、市場規模の推移と同社の成長を比較しています。市場の規模が横ばいの中で、M&A により売上シェアを伸ばしていることを把握しています。併せて BS の推移、キャッシュ・フローの推移を確認し、順調に成長していることを把握しています。

（例）市場データの推移と会社の店舗・売上の推移

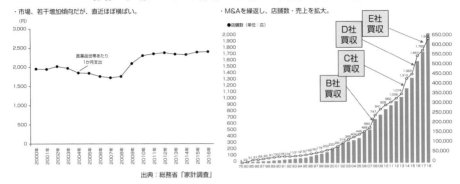

・市場、若干増加傾向だが、直近ほぼ横ばい。

・M&Aを繰返し、店舗数・売上を拡大。

出典：総務省「家計調査」

（例）BSの推移とキャッシュ・フローの推移

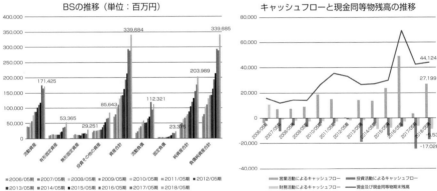

・財産の規模も拡大。純資産は厚く健全

・営業活動の増減あるが、CASH残高は潤沢

②　会計制度の概要
（日本の会計制度・開示情報を理解する）

財務会計と管理会計の違い

企業会計の2つの領域

企業会計を大別すると「財務会計」「管理会計」2つの領域があります。

《財務会計の位置づけ》

財務会計とは

　財務会計とは、複式簿記のルールに従って企業の財政状態と経営成績（とキャッシュ・フローの状況）を正確に表し、それを外部の利害関係者に報告することを目的としている会計です。

　株式会社では、出資者と経営者の分離が顕著であり、証券市場の発達のため株式の発行・流通を円滑にする背景があり、財務会計は特に大切です。そのため、財務会計で作成される財務諸表等の会計情報の開示は各種制度として確立しています。

管理会計とは

　管理会計とは、会社が意思決定を行い、経営活動の業績を評価するのに有用な会計情報を各階層の管理者に提供することを目的とした会計です。

　財務会計のように外部公表や会計基準等の準拠すべきルールがあるわけではないので、会社が管理しやすいように設計すればよいということになります。

　とは言っても、管理会計にも目的別に代表的な管理手法があります。計画数値を実現するための予算制度、設備投資の採算性の計算と評価、管理目的に沿った各種の原価計算、損益分岐点分析等、種々なものがあります。

　そして、これら管理会計で用いる数値は、やはり、財務会計の数値を基礎として用いることがほとんどですから、管理会計を学ぶには、財務会計の基礎をおさえておく必要があります。

日本の会計制度・開示制度（財務会計）

旧トライアングル体制

　長い間、日本の会計制度・開示制度には、「商法会計（現会社法）」、「証取法会計（現金商法）」、「税務会計」と３つの制度が存在していました。これらは完全に独立しておらず、いろいろな部分で結びつきを持っていたため、日本の会計制度はトライアングル体制であるといわれていました。

　しかし、2006年に商法が大幅に改正され会社法となり、また証券取引法が2007年に金融商品取引法として施行されたことにともない、商法会計と証取法会計の財務諸表作成に関する内容的な相違点が事実上ほとんどなくなり、それ以降あまりトライアングル体制は問題とされることはなくなりました。

	証取法会計	商法会計	税務会計
目的	投資家保護	債権者保護	課税の公平
中心課題	業績利益の算定	配当可能利益の算定	課税所得の算定
処理規定	企業会計原則	商法	確定決算に基づき税法特有の調整を行っていく
表示規定	財務諸表等規則	商法計算書規則	

　　ただ、税務会計は、適正な課税所得の計算、課税の公平という別の次元の目的があるため依然として異なる体系として存在しています。

現行の会計制度・開示制度（財務会計）

　　現行制度上も、会社法会計、金商法会計、税務会計の制度があります。

　　先述したとおり、会社法会計と金商法会計の財務諸表作成に関する内容的な相違点は、事実上、ほとんどなくなりましたが、制度の対象となる会社や開示すべき財務諸表や開示方法等が異なります。

決算書

■　会社法の体系 計算書類および附属明細書	■　金融商品取引法 財務諸表類および附属明細表	■　法人税法の体系 確定申告書の添付書類
・貸借対照表	・貸借対照表	・貸借対照表
・損益計算書	・損益計算書	・損益計算書
・株主資本等変動計算書	・株主資本等変動計算書	・株主資本等変動計算書
	・キャッシュ・フロー計算書 　（財務諸表に含まれる）	
・個別注記表		
・附属明細書	・附属明細表	・勘定科目内訳明細書

ⅰ）会社法：すべての株式会社が対象になります。

　　　○計算書類（貸借対照表、損益計算書、株主資本等変動計算書）

　　　○事業報告

　　　○これらの附属明細書

を作成します。監査を受け、取締役会で承認され、定時株主総会に提出。事業報告はその内容を報告し、計算書類は総会の承認を得ることになります

　　また定時株主総会の終了後に遅滞なく、貸借対照表（大会社は貸借対照表と損益計算書）を公告しなければなりません。この公示を怠ると、100万円以下の過料に処せられます。これらは旧商法でも公告が義務付

けられていましたが、現実には守られていないケースがほとんどでした。

公告方法は、次のいずれかを定款で定めますが、定款に定めがない場合には、官報によるものとされます。

・官報に掲載

・時事に関する記事を掲載する日刊新聞紙に掲載

・電子公告（ホームページに掲載）

また、会社法では、債権者には決算書の閲覧権を、3％以上の株式を保有している株主には帳簿（決算書含む）の閲覧権を付与しています。請求があった場合には開示する義務が生じます。

なお、決算書は、融資に関連して金融機関に、取引の開始にあたって取引先に、その他従業員等に、実務上、開示が行われていますが、会社法によるものではなく任意開示です。

ii）金融商品取引法：主に上場会社が対象になります。

　　○財務諸表（貸借対照表、損益計算書、株主資本等変動計算書、キャッシュ・フロー計算書）

　　○附属明細表

を作成します。

これらは監査法人の監査を受けて、他の情報と一緒に含めて有価証券報告書等に記載され、EDINET 等において開示されます。

EDINET は、「金融商品取引法に基づく有価証券報告書等の開示書類に関する電子開示システム」のことで、有価証券報告書、有価証券届出書、大量保有報告書等の開示書類について、その提出から公衆縦覧等に至るまでの一連の手続きを電子化するために開発されたシステムであり、24時間365日（定期保守等の計画停止期間は除く）、稼働しています。

（参考）

金融商品取引法に基づく有価証券報告書等の開示書類に関する電子開示システム　EDINET

http://disclosure.edinet-fsa.go.jp/

ⅲ）法人税法：すべての会社が対象になります。

　会社は事業年度が終了したら決算書と税務申告書を作成し、必ず納税を行わなければなりません。

　決算書は上記に記載した財務諸表のことで、一定のルールに基づいて作成されます。一方で税務申告にあたっては、法人税法が定められており、これに基づいて税金計算のもととなる課税所得の計算を行います。この課税所得を計算するための会計を税務会計といいます。

　法人税法では、一部財務会計のルールとは異なる取扱いが定められています。そのため、作成した決算書から法人税法で定められている異なる取扱いに関する項目を調整することで課税所得の計算をしています。

　この調整過程を税務申告書に記載することになりますが、調整計算を嫌って、財務会計のルールではなく法人税法にしたがった会計処理をしている中小企業はまだまだ多いのが現実です。

　しかし、財務会計のルールから逸脱した決算書は、利害関係者にとって利用価値は低くなりますし、資金調達にも支障をきたすことがありますので、財務会計のルールにしたがった決算書を作成することが望まれます。

その他の決算開示情報を理解する

その他の開示書類

○決算短信

　上記のような会社法による決算公告や金融商品取引法の有価証券報告書の他にも決算情報の開示制度があります。それは決算短信です。

　決算短信とは、株式を証券取引所に上場している企業が、証券取引所の適時開示ルールに則り作成し、提出する決算速報のことを言います。証券取引所の自主規制に基づく開示ですので、法律で定められているわけではありません。

　決算公告や有価証券報告書があるにもかかわらず、さらに決算短信が

求められる理由は、有価証券報告書の提出は３か月以内（決算公告は株主総会の承認後遅滞なく）にしなければならないとされていますが、これでは投資家が企業の状況を把握するにはタイミングが遅すぎるからです。

　上場会社は、事業年度の内容が定まった場合は、直ちに決算短信を開示することが義務付けられています。そして「直ちに」とは遅くとも45日以内が適当だとされています。決算短信は、各証券取引所が提供する「適時開示情報閲覧サービス－TDNet」から閲覧することができます。

　（参考）

　適時開示情報閲覧サービス－TDNet

　https://www.release.tdnet.info/inbs/I_main_00.html

　なお、上場会社は自社のホームページに有価証券報告書や決算短信を開示しているケースが多いです。

　その他、企業のホームページを見てみると決算情報を更に積極的に開示している会社があります。

○決算説明会資料（アナリスト向け説明会用）

○株主総会説明資料（株主総会説明用）

○アニュアルレポート、株主通信（株主、投資家向け）

○月次業績資料（多店舗展開、小売り業界などは開示に積極的）

　このように法定開示にはない決算情報を入手することができますので、ホームページを丁寧に見ていくと良いでしょう。

最近は、企業の財務情報をデータベース化してサービスする会社が多くあります。より詳しく知りたい場合やデータの加工、グラフ化に便利です。

　（参考）

　・SPEEDA：https://jp.ub-speeda.com/

　・EOL：http://www.pronexus.co.jp/solution/database/eol.html

 ・日経バリューサーチ：http://nvs.nikkei.co.jp/
 ・TDB 企業サーチ：https://www.tdb.co.jp/service/u/1000.jsp

③ 財務会計の応用

財務分析の概要

　財務分析とは、貸借対照表や損益計算書の特定の数字を抜き出してその割合や伸び率などからその会社の収益性や安全性など係数化したり、さらに業界標準値や同業他社等と比較分析することをいいます。

　さらに財務分析は、複数年の財務分析の指標を比較することでこれまでの傾向を読み取ったり、さらにそこから将来の予測や目標設定に役立てたりと、いろいろな活用の仕方があります。

　主な経営指標は以下になります。

・成長性分析

　　売上高、総資産などがどの程度変化しているかを分析することによって、企業に係る一定期間の規模の成長度合いを測定するものです。

・収益性分析

　　会社の利益を生み出すことができる力を構造的な面から測定するものです。

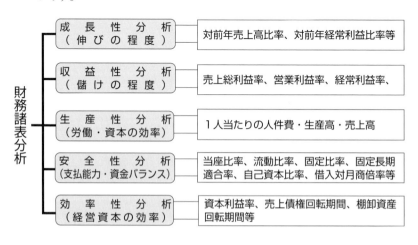

財務諸表分析

成　長　性　分　析 （　伸　び　の　程　度　）	対前年売上高比率、対前年経常利益比率等
収　益　性　分　析 （　儲　け　の　程　度　）	売上総利益率、営業利益率、経常利益率、
生　産　性　分　析 （労働・資本の効率）	１人当たりの人件費・生産高・売上高
安　全　性　分　析 （支払能力・資金バランス）	当座比率、流動比率、固定比率、固定長期 適合率、自己資本比率、借入対月商倍率等
効　率　性　分　析 （　経営資本の効率　）	資本利益率、売上債権回転期間、棚卸資産 回転期間等

・生産性分析

　　投入量に対してどの程度効率的に生産されているかを測定するものです。

・安全性分析

　　負債あるいは資本の構成が安定しているかどうかなどを分析することによって、資金的な安定性、余裕度を測定するものです。

・効率性分析

　　効率性分析は、どの程度、経営資本を効率的に利用出来ているかを測定するものです。

財務分析の算定式

それでは、具体的に分析式を見て行きましょう。

成長性分析

主な成長性分析の式は以下のようになります。

指標1　売上高伸び率（売上高成長率）

　　売上高伸び率（％）＝（（当期売上高 – 前期売上高）／ 前期売上高）×100

指標2　経常利益伸び率

　　経常利益伸び率（％）＝（（当期経常利益 – 前期通常利益）／ 前期経常利益）×100

収益性分析

収益性は、売上と利益、売上と費用がそれぞれどう関連しているのかをチェックするものです。主に以下の比率を確認します。

指標1　売上高総利益率

　　売上高総利益率（％）＝（売上高総利益 / 売上高）×100

指標2　売上原価率

売上原価率（%）＝（売上原価／売上高）×100

指標3　売上高販管費率

売上高販管費率（%）＝（販管費／売上高）×100

指標4　売上高営業利益率

売上高営業利益率（%）＝（営業利益／売上高）×100

〈企業分析事例〉

下記の事例では、以下のような状況がうかがえます。

あるインターネットサービス会社の事例です。売上、売上原価、販管費、営業利益の推移と売上原価率、販管費比率、営業利益率の推移を分析しています。

2016年3月期に物販の会社を子会社化したことで、規模が大きくなりましたが、同時に連結グループとしての損益構造が大きく変わったこと把握しています。

（例）A社の営業損益と収益性の推移

右肩上がりに成長。B社を子会社化したことにより、損益構造が変化。売上原価率が上昇し利益率は下がった。

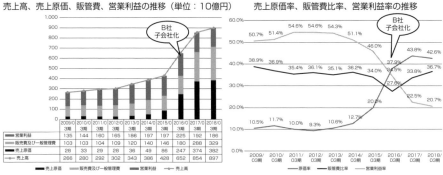

指標5　売上高経常利益率

売上高経常利益率（%）＝（経常利益／売上高）×100

指標6　売上高当期純利益率

売上高当期純利益率（%）＝（当期総利益／売上高）×100

生産性分析

労働生産性の指標

指標1　　1人当たりの売上高

　　　　1人当たりの売上高＝売上高／従業員数

指標2　　1人当たりの粗利益

　　　　1人当たりの粗利益＝粗利益／従業員数

指標3　　1人当たりの限界利益

　　　　1人当たりの限界利益＝限界利益／従業員数

指標4　　1人当たりの営業利益

　　　　1人当たりの営業利益＝営業利益／従業員数

〈企業分析事例〉

下記の事例では、以下のような状況が伺えます。

あるシステムプラットフォーム提供会社A社の事例です。労働生産性の推移を把握するとともに、直近の同業他社の比較をしています。

（例）A社生産性の推移と同業他社比較

・A社の売上高の増加以上に人員数が増加しているため、労働生産性は低下している。

・A社の労働生産性は、競合に比べて、1人当たり売上高は高くない。ただ、営業利益率（収益性）については優れている。

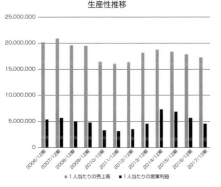

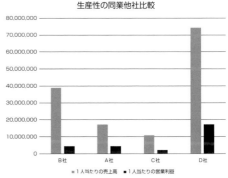

安全性分析

指標1　流動比率

　流動比率（％）＝（流動資産／流動負債）×100

　流動負債に対する流動資産の割合を示すものです。流動負債はすぐ
に返済すべき負債で、流動資産はすぐに現金化できる資産であるため、
流動比率が高ければ、会社の短期的な返済能力が高いということにな
ります。

指標2　当座比率

　当座比率（％）＝（当座資産／流動負債）×100

　流動比率と同様、会社の短期的な返済能力を示す指標です。ただし、
流動資産のなかでも短期間で現金化できる当座資産を用いて求めるた
め、さらに正確な短期的返済能力を示した指標であるといえます。

指標3　固定比率

　固定比率（％）＝（固定資産／自己資本）×100

　自己資産に対する固定資産の比率を表す指標です。建物や設備と
いった固定資産が自己資本の範囲に収まっているかを確認できるため、
適切な設備投資を行っているかどうかを判断する指標になります。

指標4　自己資本比率

　自己資本比率（％）＝（自己資本／総資本）×100

　総資本に対する自己資本の比率を表す指標です。自己資本比率が高
ければそれだけ借入金が少なく、健全な経営を行っているといえます。

効率性分析

　効率性分析は、いかに資本を効率的に利用できているかをチェックする
ものです。主に以下の比率を確認します。

指標1　総資本経常利益率（ROA）

　総資本経常利益率（％）＝（経常利益／総資本）×100

　会社が投入した資本に対して、どれだけの利益を上げたかを表す指

標です。利益を上げるにあたり、どれほど資本を効率的に利用できたかを確認できます。

指標2　自己資本当期利益率（ROE）

自己資本当期利益率（％）＝（当期純利益／株主総資本）×100

　株主が投下した資本で、どれだけの利益を上げたかを表すものです。会社としては、株主の資本をいかに効率的に活用できたかを判断できます。

指標3　総資本回転率

総資本回転率（％）＝売上高／総資本

　売上に対して資本がどれくらい回転しているか、つまり、資本を効率的に運営できているかを確認するものです。この回転率が高ければ、少ない資本で大きい売上を上げているということになります。

指標4　固定資産回転率

固定資産回転率（％）＝売上高／固定資産

　売上高と固定資産の比率を確認する指標です。固定資産が売上を上げるために活用されているかをチェックするものであるため、固定資産がしっかり管理されているか、設備投資が適正であるかなどを判断できます。

指標5　売上債権回転率、売上債権回転期間

売上債権回転率（％）＝売上高／売上債権

売上債権回転期間（日）＝365／売上債権回転率

　売上債権がどのくらい滞留しているか、適正金額であるかを確認する指標です。この回転率が高ければ、売上債権を早く回収できるということになります。売上債権回転期間は、売上債権が1回転するまでにかかる日数を示す指標です。この期間が短ければ、売上債権が効率的に回転しているということになります。

指標6　棚卸資産回転率、棚卸資産回転期間

棚卸資産回転率（％）＝売上原価／棚卸資産

棚卸資産回転期間（日）＝365/ 棚卸資産回転率

棚卸資産の残高が適正であるか、商品・製品などを効率的に販売できているかを確認する指標です。回転率が低ければ棚卸資産が多い（余っている）ということになります。一般的には回転率が高いほうがよいとされていますが、具体的な数値は業種や会社によって様々です。

棚卸資産回転期間は、棚卸資産が１回転するまでにかかる日数を示す指標です。この期間が短ければ、棚卸資産が効率的に回転しているということになります。

指標7　仕入債務回転率、仕入債務回転期間

仕入債務回転率（％）＝仕入高 / 仕入債務×100

仕入債務回転期間（日）＝365/ 仕入債務回転率

仕入債務回転率は、仕入債務が１つの事業期間で何回転しているかを表す指標です。仕入債務回転期間は、仕入債務の支払いにどれほどの日数がかかるのかを示す指標になります。

〈企業分析事例〉

下記の事例では、以下のような状況がうかがえます。

ある靴小売事業会社 A 社の事例です。売上拡大に伴い在庫の金額も増加していていますが、在庫の回転期間も長くなっているところが気になります。

国内の同業他社に比べると売上はトップになりましたが、在庫の回転期間は同業他社より短いということが把握できました。

これらの分析も、単年度、自社のみで終わらせずに、出来るだけ長期的な推移をとって、外部環境（市場や競合）や内部環境の変化と併せて分析することが重要です。

そして、当社にとっての問題を発見し、次のアクションに繋げることが重要です。

（例）Ａ社の売上と在庫の推移と在庫回転期間の推移

A社の売上高の拡大に伴い、在庫残高も増加している。
2004年を底に、在庫の回転期間も長くなっており、183日（約6カ月）になって来ている。

売上高と棚卸資産残高の推移（単位：10億円）

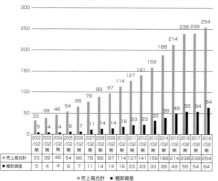

棚卸資産回転期間（単位：日数）

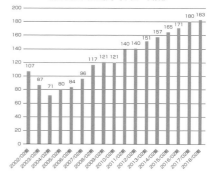

（例）同業他社比較　売上推移、棚卸資産回転期間の推移

2013年2月期に、B社抜き売上高トップになり、その後も差を広げている。
在庫の回転期間は、当社も長くなっている（約6ヶ月）ものの、競合他社の方が、かなりの長くなっている。

売上推移　国内同業他社比較（単位：10億円）

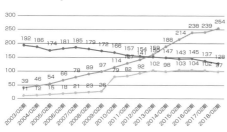

棚卸回転期間　国内同業他社比較（単位：日）

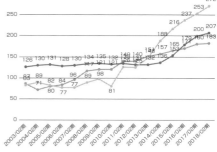

④ 役員がおさえるべき税務のテーマ

　以下では、役員に関わる税務のテーマとして、接待交際費の留意点、税務調査の留意点や影響等について、解説します。

接待交際費の稟議申請

　読者の皆様の会社では、取引先との円滑な関係を構築、維持するために、取引先の役員・社員と共に飲食の機会を持ちその費用を負担することがあると思います。そしてその費用を会社へ申請する際の稟議書等には、接待の目的・効果の他に取引先名、取引先の参加者の氏名・人数、及び自社の参加者の氏名・人数を記載することが求められていると思います。

　また、接待交際費の決裁にあたっては、その総額だけではなく参加者1人当たりの金額で決裁権者が異なり、例えば、1人当たり5千円を超えるとより上位の役職者の決裁が必要とされることが多く見られます。

　税法では、交際費等を以下のように規定し、一定の基準に基づく金額を超えて支出した交際費等を会社の必要経費とは認めず、いわゆる有税で処理することとしています。

> 交際費等とは、交際費、接待費、機密費その他の費用で、法人が、その得意先、仕入先その他事業に関係のある者等に対する接待、供応、慰安、贈答その他これらに類する行為のために支出するもの

　ただし、交際費等に該当する支出であっても次のような目的、内容の支出は交際費等から除くこととしています。

> 一　専ら従業員の慰安のために行われる運動会、演芸会、旅行等のために通常要する費用
> 二　社外の取引先等との飲食費で、参加者1人当たりの金額が5千円以下の費用
> 三　カレンダー、手帳等の贈答、会議のための飲食物、及び記事・放送の取材等に通常要する費用

　このように接待交際費の参加者1人当たりの金額が5千円以下であれば、税務申告で経費と認められることから、この金額を超える場合はより上位の役職者を決裁権者として定めている会社が多いと思われます。

　ところで読者の皆様が社員であった当時、この接待交際費の申請を正確に処理していらっしゃったでしょうか。規定では本部長・部長等の決裁が必要となるところ、参加者があと1人多くいれば5千円以下の基準を充たし、より身近な課長・係長の決裁で済ませられるようなケースが無かったでしょうか。

　残念ながら、参加者1人当たりの金額が5千円以下として経費処理されていた支出について、税務調査において参加者の水増し等が発覚し必要経費とは認められず交際費等と指摘されるケースが生じています。またその際には、参加者を水増しする行為が会社による隠ぺい・仮装と認定され、より重いペナルティである重加算税の対象とされるケースもあるようです。

　ここで注意すべきは、交際費等を申請する担当者としては社内規定を勘案し参加者を水増ししたに過ぎず、決して会社の税務申告の誤りや脱税を意図したものではなく、また会社の経営陣や、経理部門・税務部門もそのような水増し行為の存在を把握していなかったとしても、会社による事実の隠ぺい・仮装を原因とする誤りと認定されることがあるのです。

　またこれに類するものとして、以下のようなケースでも会社による隠ぺい・仮装と認定されることがあります。

　・消耗物品の購入にあたり、年度内の予算で消化する必要性から、担当

責任者が取引先に依頼して、実際よりも前の日付で納品書・請求書を発行させた。

・工場等で発生したスクラップの売却代金を、従業員の慰労会や、周辺住民を招く夏祭り等の経費に充てるため、歴代の工場長が簿外で管理していた。

このように社内の規定・ルールからの逸脱が、またそれが脱税や財務的な不正、あるいは私的流用の意図がなかったとしても、会社に対する税務的なペナルティに波及してしまうことがあります。

このような問題を生じさせないようにするためにも、会社組織の隅々までルール遵守の意識を行き渡らせるよう、役員の皆様から積極的に取り組むことが重要ではないでしょうか。

税務調査とペナルティ

読者の皆様の会社も税務調査を受けられ、税務調査が実施される場合には経理部門・税務部門等の担当部署より、社内向けにアナウンスされることもあると思います。

税務調査は前期以前の税務申告書に誤り等が無いかどうかを調査するものであり、法人税や消費税の場合は会社の本店等の所在地を所轄する国税局、または税務署が担当します。税務調査の期間は、短ければ3日程度から会社の規模によっては数か月の期間にわたるものもあります。

税務調査で過去の税務申告書の誤りが発見される場合は、その誤りの金額に応じて再計算を行い、不足する税額を追加で納めることになります。

また、その際には延滞税、過少申告加算税というペナルティ的な税金も、合わせて納めることが必要になります。延滞税とは遅延利息のような税金であり、本来は当初の法定期限内（法人税であれば事業年度末から原則2か月以内）に納めるべきであったところ、税務調査による追加で納める税は結果的に法定期限を超過しているために課される税です。また過少申告加算税とは一種の行政上の制裁としての性格を有しており、当初の申告納

税額が過少であることに対するペナルティとして課される税です。

　延滞税率は毎年見直されますが、本稿執筆時点では基本的には年2.5％[1]の税率になります。過少申告加算税は追加納税額の10％が課されますが、追加納税額が一定額[2]を超える場合はさらにペナルティの上乗せとして５％が追加で課されます。

　例えば、法定申告期限の１年後に税務調査等により追加で1,000万円を納税することになる場合には、延滞税として25万円（1,000万円×2.5％）[3]と過少申告加算税として100万円（1,000万円×10％）との、合わせて125万円を納めることになります。

　なお税務調査で発見された誤りが、会社による事実の隠ぺいまたは仮装を原因とする誤りである場合には、更に重いペナルティとして重加算税が課されます。この場合は、前述の過少申告加算税に替えて重加算税として追加納税額の35％を納めることになります。またこの際、過去５年以内に重加算税等が課されている場合[4]は短期間に繰り返し悪質な申告がされているものとされ、さらに10％が上乗せされます。

　そしてこの事実の隠ぺいまたは仮装は、経営陣、或いは経理部門・財務部門等の税務申告に関与する部門で行われたものだけとは限りません。税務申告に直接的に関与しない部門で行われた事実の隠ぺいまたは仮装であっても、また、たとえそのような行為が行われていることを経営陣や経理部門・税務部門が把握してなかったとしても、その行為を会社が行った

1　調査による追加納税を、更正等の日から２か月を超えて納付する場合は、その２か月を超えた期間に対しては年8.8％の延滞税が課されます。

2　調査による追加納税額が、当初の申告納税額または50万円の何れか多い金額を超える場合は、その超える部分の金額に対して上乗せされます。これは、無申告（義務があるにもかかわらず申告せず、納税もしない）の加算税が15％であるところ、当初の申告において本来納付すべき税額の半分以下しか納めていないなど申告漏れの割合が大きい場合には、無申告加算税の負担に近づけるための加重的なペナルティとされています。

3　申告期限後から日割で計算し、また年によって延滞税率が異なる場合がありますが、文中では簡便的に計算しています。

4　調査による更正等の日の前日から起算して５年前の日までの間に、その調査対象税目について無申告加算税又は重加算税を課されたことがある場合が該当します。

ものと認定される場合には重加算税の対象とされます。

　先の例の追加の1,000万円の納税の原因がこのような隠ぺい・仮装を原因とするものとされる場合は、過少申告加算税の100万円ではなく重加算税として350万円（1,000万円×35%　ただし5年以内に繰り返されている場合は450万円）を納めることとなります。

　このように税務調査で誤りが指摘される場合のペナルティは決して小さなものではなく、さらにその原因が隠ぺい・仮装による場合は一段と大きなペナルティとなってしまいます。そのため当初の確定申告を正しく申告し納税することが大切ですが、それは経理部門・税務部門だけの取組み、努力だけでは限界があると考えられます。

　したがって、役員の皆様から積極的に会社内の風土、意識の向上に努め、会社組織の隅々までその意識の浸透を図ることが重要になるのではないでしょうか。

税務調査結果についての報道

　読者の皆様も、新聞等の報道で他社の税務調査の記事を目にされることがあると思います。また、その際には調査を受けた会社名と共に、「申告漏れ」「所得隠し」、時には「悪質な所得隠し」との表現で所得金額や追徴税額を記載する記事が見られます。

　以下の表は過去の税務調査に関する報道を無作為に抽出しまとめたものですが、このような報道の対象となる会社は、上場企業のような一定の知名度がある場合だけではなく、非上場企業でも知名度に関わりなく報道の対象とされているようです。

　このような報道によると、会社による組織的な隠ぺい・仮装とされているものばかりではなく、社内の役員や従業員による会社財産の私的な流用を目的とする不正行為によるものも会社による隠ぺい・仮装と認定され重加算税を課せられる事例もあります。

　また、ひとたびこのような報道がされると、自社のレピュテーションに

	管轄国税局	申告漏れ	（うち）所得隠し	追徴税額	上場／非上場
①	大阪	19億（円）	1億（円）	8億（円）	非上場
②	名古屋	12億	3億	4.5億	上場
③	東京	11億	11億	4億	非上場
④	名古屋	11億	6億	2億	非上場
⑤	東京	8億	8億	3億	非上場
⑥	大阪	7.4億	1.2億	3億	上場
⑦	東京	3.5億	3.5億	1億	非上場
⑧	東京	3.2億	3.2億	7千万	非上場
⑨	東京	1.7億	1.7億	7千万	非上場
⑩	名古屋	1.1億	1.1億	5千万	非上場

注　上記には、グループ内の複数社を対象とした調査結果の合算で報道されているものもあります。
「所得隠し」の金額のみの報道もあり、その場合は「申告漏れ」は同額であるものとしています。
「追徴税額」には重加算税等の付帯税および本税の合算として報道されていると思われますが、内訳等の詳細は不明です。

相当の悪影響を及ぼすことは避けられないと思われます。

　上場企業の場合は、このような税務調査に関する報道により、自社の株価に影響が及ぶこともあるようです。

　適正な税務申告と納税はコンプライアンスの基本であり会社経営の健全性を示すものであるため、役員の皆様から積極的に会社内の風土、意識の向上に努め、会社組織の隅々までその意識の浸透を図ることが重要になるのではないでしょうか。

第3章　まとめ

本章のまとめは以下の点になります。

○財務会計の基礎である財務諸表（貸借対照表、損益計算書、キャッシュ・フロー計算書）の特徴や関連性を理解する。

○財務諸表の分析を行う。財務諸表の項目（例えば、売上）の長期的な推移をとり、外部環境（市場規模の推移や法規制の改変）の変化や競合他社の同じ項目の財務数値と比較し、現状を把握する。

○日本の会計制度・開示情報の概要を理解する。会社法会計・金融商品取引法会計・税法会計の概要と開示書類を具体的に理解し、その他企業が公表している開示情報に具体的にアクセスする。

○財務分析の種類（成長性分析、収益性分析、生産性分析、安全性分析、効率性分析）や数式を理解し、実際に使ってみる。

第4章

管理会計の
ポイント

① 管理会計

　管理会計とは、会社が意思決定を行い、経営活動の業績を評価するのに有用な会計情報を各階層の管理者に提供することを目的とした会計です。

　この章では、基本となる管理会計のテーマ（損益分岐点、投資の採算性、M&A 会計）のポイントを解説したいと考えます。

② 損益分岐点分析

どれだけ売れれば黒字になるのか

　商売をしていると、どれだけ売れれば、黒字になるのか考えると思います。

　現在、皆さんが行われている事業はもちろんのこと、たまたま入ったレストランのお客の入りが少ないときなど、どれだけ売れれば黒字になるのか、気になるのではないでしょうか。

　このようなときに、さっと考えることができるのが、損益分岐点分析です。

　損益分岐点分析の損益分岐点とは、その名のとおり、利益が出るか損失が出るかの分岐点です。この分岐点での売上高を損益分岐点売上と言います。

　個人商店から大企業まで、利益管理のために基本となる管理会計の1つです。

　損益分岐点を考えるためには、費用を変動費と固定費に分ける必要があります。

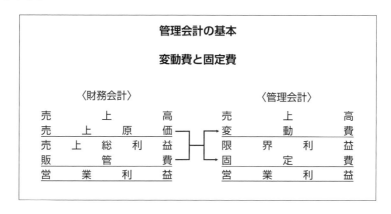

　財務会計では、費用を売上原価と販管費に分けていましたので、発想の切り変えが必要です。この変動費と固定費の分解は、管理会計の出発点とも言えます。

変動費と固定費

　変動費とは、売上高（生産量）の増減に連動して変動する費用です。

　固定費とは、売上高（生産量）の増減と関係なく必要となる一定の費用です。

変動費
　変動費とは売上高（生産量）の増減に連動して変動する費用です。売上高（生産量）が増えれば変動費は増加し、逆に、売上高（生産量）が減少すれば、変動費も減少します。
　（例）材料費、外注費、配送費、保管料、燃料費など
固定費
　固定費とは、売上高（生産量）の増減と関係なく必要となる一定の費用です。
　（例）賃貸料、保険料、減価償却費、研究開発費、人件費など

　なお、同じ費目であっても、会社の属する業種や業態等により変動費・固定費の分類が異なることがあり、また、費用の中には、変動費と固定費の中間的な性格を持つものもあります。したがって、変動費・固定費の分類に際しては、その判断が難しいケースもありますが、実務上は、いずれに近い性質を持つものか割り切って分類することも必要となります。

　また、第3章で記載した財務会計の開示書類の数値を使って他社の損益分岐点を求めたくなるのですが、財務会計では、変動費と固定費の分解を行いませんので、残念ながら計算することはできません。ただ、ビジネスモデルを踏まえて売上原価の明細や販管費の明細を見ることで、感覚的に固定費が大きな会社か否かについては、想定することができると思います。具体的には、人件費、減価償却費、賃借料等の典型的な固定費が、売上原

価・販管費の合計額のうち、どの程度の割合を占めているかをチェックすることでつかむことはできます。

　理論的にはさておき、実務ではあくまでもざっくり数値をつかむことを主眼に置いて、ビジネスの採算性を考えるヒントにすると良いと思います。

損益分岐点図表

　売上高、費用（変動費と固定費）、損益分岐点の関係を以下の図のようになります。

　売上高と総費用（固定費＋変動費）が一致する点、すなわち、「売上線」と「総費用線」が交わる点が、損益分岐点になります。ここでの売上金額が、損益分岐点売上高になります。

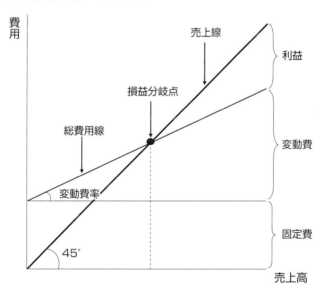

限界利益

　次に「限界利益」の概念を理解しておきましょう。

　限界利益は、「売上高－変動費」として計算され、固定費を回収する源

泉となる利益を意味します。また、限界利益の売上高に対する割合（限界利益÷売上高）を限界利益率といいます。

固定費を一定とすると、「限界利益率が高い」ということは、

・同じ売上高であれば、限界利益率の高い製品を多く販売した方が、固定費を差し引いた後の利益が多く残る

・限界利益率の低い製品よりも、少ない売上高で固定費を回収できる

ということを意味します。

したがって、他の条件に優劣がない場合には、限界利益率が高い製品を多く販売した方が利益を多く確保することができます。

また、固定費を全額回収できなくても、限界利益率がプラスであれば、固定費の一部を回収することができるので、安易な商品の廃止等は留意が必要です。

損益分岐点の計算

損益分岐点は、ある一時点の「売上高」、「変動費」、「固定費」の金額を把握することにより、計算することができます。具体的には、以下の計算式により求められます。

$$\text{損益分岐点} = \frac{\text{固定費}}{1 - \text{変動費率}} \qquad \text{変動費率} = \frac{\text{変動費}}{\text{売上高}}$$

なお、1−変動費率＝限界利益率となりますので、

$$\text{損益分岐点} = \frac{\text{固定費}}{\text{限界利益率}}$$

ここで、図と具体的な数値を用いて、損益分岐点を計算してみましょう。

（例）企業Aの当期の状況
　　　売上高　　　　4,000万円
　　　変動費　　　　2,000万円
　　　限界利益　　　2,000万円
　　　固定費　　　　1,000万円
　　　利益　　　　　1,000万円

【計算方法】

$$変動費率　=　\frac{変動費}{売上高}　=　\frac{2,000万円}{4,000万円}　=　50\%$$

$$損益分岐点　=　\frac{固定費}{1-変動費率}　=　\frac{1,000万円}{1-50\%}　=　2,000万円$$

　以上より、企業Aの損益分岐点（売上高）は2,000万円であることがわかりました。すなわち、売上高が2,000万円を下回ると企業Aは赤字を計上することになってしまいます。

　これを損益分岐点図表にすると以下になります。

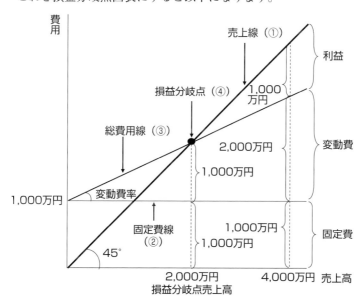

変動費中心企業と固定費中心企業

ここで、変動費中心企業と固定費中心企業について考えてみましょう。

・変動費中心の企業は、固定費が少ないので、利益を出すのに僅かな売上ですむのですが、その後、売上が増加しても売上の伸び率に留まってしまう。

そういった意味で、ローリスク・ローリターンのビジネスといえます。

自社の製造・販売・物流施設を持たず、すべて外部から調達・委託しているような会社が該当すると考えます。

・固定費中心の企業は、固定費が多いので、利益が出るまで多額の売上が必要になります。ただし、損益分岐点を超えると、少しの売上増が大きな利益増につながります。

そういった意味で、ハイリスク・ハイリターンのビジネスといえます。

自社で工場・店舗・物流センターを持っている会社、あるいは、自社で開発・運用しているインフラサービスの会社が該当すると考えます。

変動費中心企業と固定費中心企業

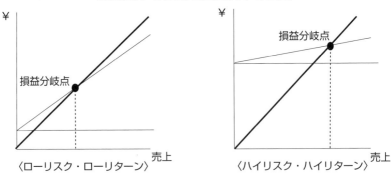

利益拡大のための方策

損益分岐点の考え方を用いて、利益拡大のための方策を考えてみましょ

う。

　大きくは以下の4つの方法が考えられます。

　・費用の構造を見直さずに利益を確保するのであれば、以下の2つの方法があります。

　　「①契約数や販売数量を増やす」「②契約額や販売単価を高くする」

　・費用の構造を見直して損益分岐点自体を下げることで利益を確保するのであれば、以下の2つの方法があります。

　　「③変動費率を下げる」「④固定費を下げる」

　上記の4つの方法のうち、いずれか1つの方法に絞ることは得策ではありません。

　例えば、コストダウンのみを追求した場合、製品の品質や従業員の労働意欲に悪影響を及ぼすことがあり、結果として、販売数量が減少するケースもあります。したがって、複数の方法を組み合せ、優先順位を付けて取り組むことが必要と考えられます。

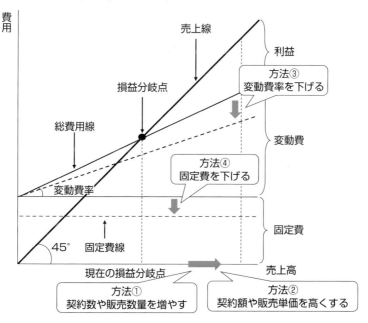

値下げ戦略による利益拡大？

　上記の方法の他にも、値下げにより利益拡大を目論むケースもあります。

　具体的には、販売単価を下げることによって顧客の購買意欲を刺激し、販売数量を大幅に伸ばし、限界利益の金額を今までより増加させる方法です。

　値下げと言っても、変動費より低くすると限界利益率がマイナスになるので、いくら数量を伸ばしても固定費すら回収できず、赤字が拡大するだけです。そのため、販売価格は、少なくとも変動費以上である必要があります。

　ただ、実際のところ、値下げによって一時的に数量を増加できても、継続的な数量増加は難しいことが多いようです。値下げしても数量が変わらなければ、単価を下げた分だけ利益が減ってしまうでしょう。

　数量増加が難しい理由としては、①大量供給に対するキャパシティの限界、②顧客がそれを望んでいない、飽きてしまう、③ライバルが同じ戦略をとってくる、等が考えられます。

　値下げをして利益を維持・拡大する場合には、大幅に販売数量を伸ばすための施策を別途検討する必要があると考えられます。

③　新規投資の採算性（投資の意思決定）

新規投資の稟議に何を記載しますか

損益分岐点分析は、既存ビジネスをベースにした分析でした。

それでは、新規の設備投資やソフトウエア開発投資のような長期的なプロジェクトを行うような場合、会社の意思決定のためどのような検討をすべきでしょうか。

皆さんの会社においても、このようなケースでは、事業計画や投資計画に基づいて採算性を検討し、その結果を稟議書等に要約し、その検討資料とともに所定の会議にて承認の手続きを行っているのではないかと想定されます。

いまだに、定量的な分析が甘く、定性的な内容が中心な稟議書等も散見されますが、皆さんの会社、部門では如何でしょうか。

以下は、2つの投資案を後述する正味現在価値法により定量的に評価し

【例】投資稟議要約

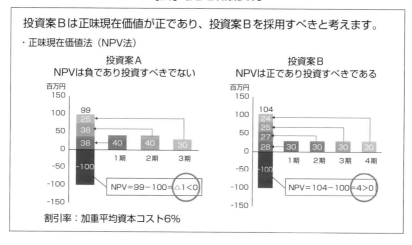

た結果を添付して稟議を申請している事例です。（稟議の中身も解説を加えます）

投資の評価は、案件ごと、期間を通して、キャッシュ・フローで考える

新規投資の評価のポイントは3つあります。

1. 評価単位：**個々の案件ごと**。財務会計では企業全体やセグメント全体が評価の単位になりますが、管理会計の新規投資の評価は、個別案件ごとの評価になります。

2. 評価期間：**投資案件の予想貢献期間全体**。会計で用いている法定耐用年数ではありません。実際にこの投資案件の予想貢献期間全体で評価することになります。

3. 評価計算：**キャッシュ・フローベース**で計算します。財務会計では、配当や投資家の意思決定のために1年ごとに区切って決算が行われ、そのため各期の利益が計算されますが、新規投資案件では、案件全体を評価期間として、本来の収益性の尺度であるキャッシュ・フローを用いることが望ましいのです。もちろん、意思決定後は、別途、財務

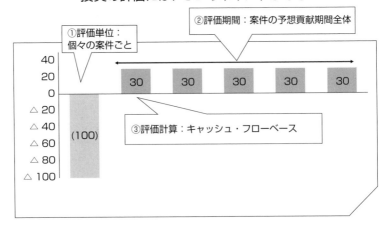

投資の評価には、3つのポイントがある

会計に対応した予算に織り込まれて管理されることになります。

新規投資の経済性計算方法

新規投資の経済性計算には3つの代表的な方法があります。

1．時間価値を考慮しない方法

1.1　回収期間法

回収期間法とは、投資額をキャッシュ・フローで回収する期間を計算し、その期間が短い方を採用する方法です。

下図では、100の投資額を、A案、B案、どちらが早く回収できるか検討しています。

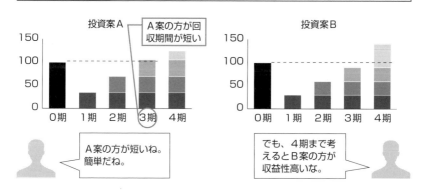

①回収期間法（簡単だが、収益性が無視される）

回収期間法（定義）	投資を回収するのにかかる期間を計算し、その期間が短い方を採用する方法

1.2　投資資本利益率法（ROI法）

投資資本利益率法とは、投資の影響期間全体にわたっての、ROIを求め、この率が高いものを「望ましい」と判断する方法です。

下図では、100の投資額を、A案、B案、どちらの利益率が良いか検討しています。

②ROI法（収益性が分かるが、時間差が不明）

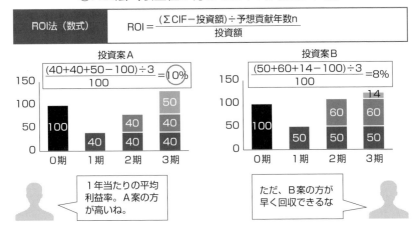

2．時間価値を考慮する方法

2.1　正味現在価値法（NPV 法）

　正味現在価値法（NPV 法）とは、投資によって生ずる年々の増分現金流入額及び増分現金流出額を資本コストで割り引いて正味現在価植を計算し、これが正であれば、その投資は有利であり、負であれば不利で

③NPV法（収益性と時間価値を反映し、合理的な計算方法）

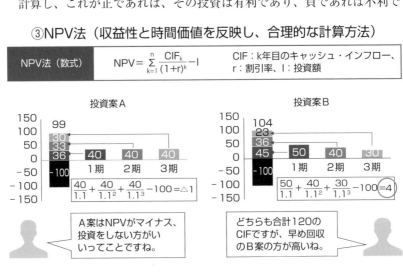

あると判断する方法である。

　上図では、A案、B案、どちらの正味現在価値が大きいか検討しています。

時間価値を考慮して現在価値に割り引く

　現在の100円と将来の100円は価値が異なります。単純に比較はできないのです。

　時間価値を考慮し、将来の100円を現在価値に換算し現在の100円と比較することが必要になります。割引率とは、将来の現金を現在価値に割り引く（換算する）ときの割合を、1年当たりの割合で示したものになります。

　一般的には、WACC（加重平均資本コスト）を用いることが多いです。

割引率の計算は、WACC（加重平均資本コスト）を用いる

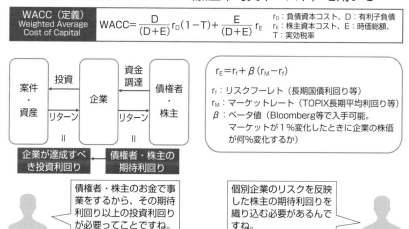

新規投資の評価のチェックポイント

　上記で、投資の経済性計算の方法について解説しましたが、実務では、経済計算・評価に入る前の準備段階も重要になります。

以下のようなプロセスが考えられます。

1. 投資額の見積りプロセス（投資額の見積もり、付随費用の見積り）
2. 経済効果の見積りプロセス（将来のキャッシュイン／会計用の利益の見積り）
3. 計算・評価のプロセス（各種経済性計算方法に基づく計算）

それぞれのプロセスで、以下のようなチェックポイントを確認しましょう。

投資評価には、3つのStepごとのポイントがある

・投資評価の論点のまとめ

	Step1	Step2	Step3
評価プロセス	投資額の見積	経済的効果の見積	計算・評価
関連論点	・投資（本体）額の見積 ・付随費用の見積	・将来のキャッシュイン／会計上の利益の見積	・各経済性計算方法に基づく計算
ポイント	・網羅性（集計軸を整理して担保） ・妥当性（相見積り、機能の差はメリット・デメリット整理）	・堅く見込まれる効果を定量的効果に含める ・変動費と固定費を分けて定量的効果を計算する	・計算のロジックはシンプルで分かりやすく ・合理的な前提条件を明確に提示する

④　減損会計

投資の評価と減損会計の関係

　投資の経済計算は、前述のように管理会計の中で説明してきましたが、この考え方は、管理会計だけでなく財務会計の中の投資の評価の中にも出てきます。皆さんも聞いたことがあるかもしれません。それは、固定資産の減損会計です。設備投資などの固定資産の採算性が悪化してしまった場合には、財務会計でその損失を減損損失（特別損失）として財務諸表に計上する必要があるのです。

　ニュースや新聞等でも、「○○事業について減損処理を行い、○○億円の減損損失が計上されたことに伴い、○○事業からの撤退が検討されている。」と いった記事が頻繁に見受けられようになり、その名称は一般にも定着してきました。そのため、この投資の経済性計算に関連させ、減損会計の概要を簡単に押さえておきましょう。

減損会計とは

　投資した案件の収益性が低下し、投資額の回収が見込めなくなった場合に、一定の条件の下で、固定資産の帳簿価額を回収可能価額まで減額し、同額を「減損損失」として損益計算書の特別損失に計上する。これが減損会計の骨子です。

　そして、この回収可能価額は、将来のキャッシュ・フローを現在価値に割り引いて計算されるのです。

減損会計の３つのステップ

　我が国の減損会計では、減損損失を計上するまでには、３つのステップがあります。

118

①兆候、②認識、③測定です。

これは、日本特有の処理です。すべての投資案件に回収可能価額を計算することは、実務上負担になるため、3つのステップが用意され、③測定プロセスまで進んだ案件が、減損損失を計上することになります。

減損の兆候

まず収益性低下などの減損の「兆候」があるかどうかを確認し、実際に兆候がある資産グループについては次のステップ「認識」に進みます。反対に言えば、兆候がない資産グループについては、この時点で減損処理が「不要」と判断できるということです。

減損の兆候の代表的なものとして、以下のようなものがあります。

兆候	概要・例示
営業活動から生ずる損益またはCFが継続してマイナスの場合	・概ね過去2期がマイナス（事業の立ち上げ時などにおいては該当しない場合もあり）
使用範囲または方法について、回収可能価額を著しく低下させる変化がある場合	・事業の廃止や再編成（事業の大規模縮小などを含む） ・著しい稼働率の低下や著しい陳腐化
経営環境の著しい悪化の場合	・材料価格の高騰、販売量の著しい減少 ・重要な法律改正、規模緩和や規制緩和
市場価額の著しい下落の場合	・市場価額が帳簿価額の50％程度以上、下落した場合

減損の認識

減損の「認識」の判定とは、減損の兆候ありとされた資産グループについて、本当に減損損失を認識（計上）する必要があるかどうかを判定することです。

具体的には、対象となる資産グループを使用・売却するなどにより、将来生み出すキャッシュ・フローが、当該資産グループの帳簿価額を下回る場合は、「減損損失を認識すべき」と判断します。

資産グループの
割引前将来CF　$<$　資産グループの
帳簿価額　　減損損失を
認識する必要あり！

　このプロセスは、投資の経済性計算のポイントである個別案件、期間全体、キャッシュ・フローベースと同じですね。ただ、この段階では、時間価値は考慮していません。

減損の測定

　減損の認識の判定ステップで「減損損失を認識する必要あり」と判定された資産グループは、最後の減損損失の「測定」ステップに進みます。減損損失の「測定」とは、文字どおり減損損失 をいくら計上すべきかを測定することです。

　計上すべき減損損失の金額は、資産グループの「帳簿価額」と「回収可能価額」との差額となります。回収可能価額とは、資産グループを構成す

固定資産の減損会計：減損損失の測定

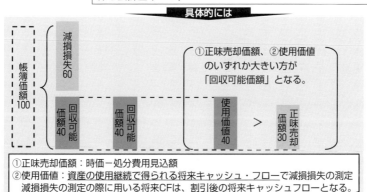

る固定資産を①売却した場合の「正味売却価額」と、②継続して使用した場合の割引後の将来キャッシュ・フロー（基本的には第2項「減損の認識」で算出した割引前将来キャッシュ・フローを現在価値に割引計算したもの）である「使用価値」を比較し、どちらか大きい方となります。

なお、一度計上した減損損失は、戻し入れすることはできません。

測定のステップで時間価値が考慮されます。この場合の割引率の考え方は、投資の経済性計算の中で記載した考え方とほぼ同様です。

なお、認識のステップで減損の検討から外れた資産グループでも、時間価値を考慮すれば、回収できない減損損失が発生している可能性もあるのですが、表面化しません。

逆に、減損の測定のステップまで来た場合、減損損失のインパクトは、一機に表面化します。そして、金額が大きな案件ほど、大きな減損損失を計上することになる。この大きなインパクトが、ニュースや新聞等で取り上げられている理由の1つかもしれません。

⑤　のれん

のれんは、M&A（合併・買収等）時に発生

　新規投資に関連して、"のれん"についても解説します。

　新規投資と言っても、これまで解説してきた企業内、部門内の設備投資やソフトウエア開発投資ではなく、会社や事業のM&A（合併・買収）に関連して発生するものになります。

　「Ｍ＆Ａ（合併・買収）関連のニュースや、財務の記事で「のれん」「のれんの償却」といった話が頻繁に登場すると思います。

のれんの正体

　のれんとは、買収で受け入れる企業の資産（時価評価）と負債（時価評価）の差額である時価純資産額と買収価額の差額をいいます（厳密にいうと、さらに、ブランドや商標権、ノウハウ、顧客リスト等の無形資産を認識・評価した後の差額になります）。

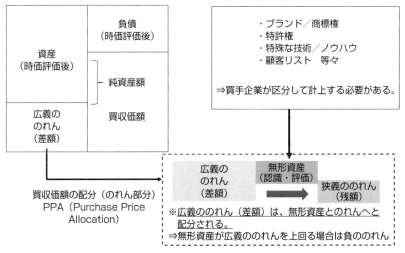

この差額は、買収プレミアムとか超過収益力として表現されることが多いです。

買収価格とのれんの関係

企業の買収価格は、買収側、非買収側双方の経営者同士の契約で決まります。

買収価格の交渉に先立って、株価算定が行われます。一般的には、①時価純資産法（ネットアセットアプローチ）、②DCF法（インカムアプローチ）、③類似上場会社比較法（マーケットアプローチ）により、株価算定評価が行われます。これを参考にしつつ、最終的には、経営陣同士の交渉により決まります。

①はBSベースのアプローチ、②はキャッシュ・フローベースのアプローチ、③はPLベースのアプローチになります。②のキャッシュ・フローベースについては、この章の③の投資の経済性計算と特徴はほぼ同じであると考えてよいと思います（個別案件、期間全体、キャッシュ・フローベース、時間価値・割引率を考慮）。

上記の評価方法で評価した場合、評価価格の低い順に並べると①→③→②になるのではないかと考えます。その場合、①の時価純資産法による評価額が最低ラインになります。この場合は、買収価格が時価純資産の金額になるので、多額ののれんは発生しないと考えられます。

実際は、時価純資産で評価されることは少なく、非買収側の既存株主への説明もあるので、②DCF法による金額をベースに交渉され、その場合は、時価純資産より金額が大きくなり、多額なのれんが発生する可能性があります。

のれんの償却

日本の会計基準では、のれんの償却は、20年以内の均等償却になっています（負ののれんは、一括償却）。そのため、最長20年でなくなることに

なります。

　なお、のれんを含む資産グループの収益性が低下してきた場合は、当然、減損会計の対象になります。

　一方、IFRS（国際財務報告基準）では、のれんは非償却になります。

　ただし、償却はしない代わりに、毎期、厳格な減損判定が必要になります。

　日本基準のような3ステップはないので、収益性の低下に伴い都度、減損損失が計上されることになります。

　最近は、ベンチャー企業が、海外から資金調達を予定していない、IFRS基準で財務諸表を作成し、上場するケースが増えてきました。アーリーステージで、営業利益がまだ小さいため、多額になるのれん償却のインパクトを避けているということも考えられます。

⑥ 資本効率と資源配分

　前項③では投資の意思決定、④では撤退の意思決定（減損処理）についてお話ししました。本項ではこの投資サイクルの結果として、会社全体の資本効率（投資効率）がどのようになっているのか、どのようにすれば向上できるのか、を分析する指標・考え方について説明します。

　はじめに、資本効率の代表的な３つの指標について確認します。

資本効率の代表的な３つの指標

資本効率に関する代表的な３つの指標

総資本利益率（ROA：Return on Assets）
総資本をどのくらい効率的に運用して利益に結びつけているか

算定式： $\dfrac{経常利益}{総資本} \times 100$ （%）

株主資本（自己資本）利益率（ROE：Return on Equity）
株主資本（自己資本）をどのくらい効率的に運用して利益に結びつけているか

算定式： $\dfrac{当期純利益}{株主資本（自己資本）} \times 100$ （%）

投下資本利益率（ROIC：Return on Invested Capital）
事業活動に投下した資本をどのくらい効率的に運用して利益に結びつけているか
純粋な資本効率を見る指標(効率よく本業で稼ぐ力)である。

算定式： $\dfrac{（税引後）営業利益}{投下資本} \times 100$ （%）

分解式：売上高営業利益率×投下資本回転率

$= \dfrac{営業利益}{売上} \times \dfrac{売上}{投下資本}$

　まず、総資本経常利益率 ROA については、事業活動への投下資産以外の資産を含むため、事業にフォーカスした純粋な資本効率をみることは困

難です。

　次に、株主資本利益率 ROE についても、一般的に、株主資本だけでなく他人資本も事業資産に投下している状況を考えれば、株主資本のみを分母とした場合は、純粋な資本効率が判断できません。

　そこで、本項では純粋な資本効率を判断する指標として、投下資本利益率 ROIC について説明します。

　以下に、純粋な資本効率の概念図を示します。

純粋な資本効率の概念図（投下資本利益率：効率よく本業で稼ぐ力）

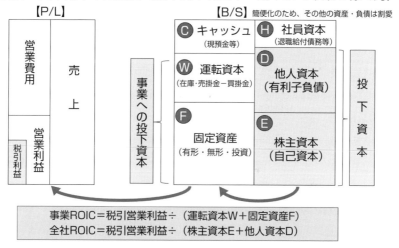

　事業 ROIC は、事業別の投資効率を把握するものであり、これをもとに各事業への経営資源の配分を調整・見直し、その結果として、全社 ROIC の向上を図るという位置づけになります。

　全社 ROIC は、会社全体でみた経営資源の最適配分を実現しているかという分析に活用します（サービス業等在庫や固定資産を持たない業種、また、単一事業の企業は、事業別でなく全社 ROIC が検討テーマとなりま

す）。

　　※社員資本について

　　　図の簡易版の B/S で社員資本という名称を用いています。

　　会計上このような言葉はありませんが、本書は「企業は人なり」人財の
　　重要性をベースにしていますので、この用語を使用しています。

　　社員資本とは、社員が退職したときに備える退職給付債務のことをいい、
　　基本的に社員の平均勤続年数（定着率）が長いほどこの金額が大きくな
　　ります。人材の流動化が進んではいるものの、やはり日本的経営の特長
　　である従業員の長期安定雇用が、従業員の将来の安心感につながってい
　　ます。したがって、負債、債務という言葉でなく、将来にわたって活用
　　できる労働資本、つまり社員資本という考え方が重要と考えます。

次に資源配分について説明します。

経営資源の最適配分に貢献する ROIC 経営

経営資源の最適配分を考える上で、簡単な事例で説明しますので、以下
の図から確認していきましょう。

どちらの事業が効率よく稼いでいるか？（儲けの尺度は何か？）

	売上	営業利益	営業利益率
A事業	1,000	70	7％
B事業	1,200	60	5％

経営資源はどのように使われているのか？

出典：『経営会計―経営者に必要な本物の会計力。』

　この事例では、一見、Ａ事業の方が、利益（率）が高く、儲かっているようにみえるため、この情報だけでは、Ａ事業への投資を増やしていくという判断になりかねません。そこで、経営資源が、Ａ事業、Ｂ事業にどのように投入されているかを示したのが、次の図になります。

現状の経営資源の配分状況は？　営業利益率投下資本利益率

	売上	営業利益	営業利益率	事業への投資（投下資本）	投下資本利益率	投下資本回転率
Ａ事業	1,000	70	7%	1,200	5.8%	0.83
Ｂ事業	1,200	60	5%	800	7.5%	1.5
全社	2,200	130	5.9%	2,000	6.5%	1.1

出典：『経営会計―経営者に必要な本物の会計力。』

　この図からわかることは、Ｂ事業の方がＡ事業よりも回転率が高い（資本を効率よく使っている）ため、投下資本利益率は、Ｂ事業の方が高くなっていることです。

　では、このような状況にある中で、経営計画上どのような投資計画を策定するのがよいか考えていきましょう。

　仮定として、Ａ事業、Ｂ事業のどちらも設備更新の時期を迎えているものの、投資財源の制約があり、いずれか一方への追加投資という仮定を置きます。

　まず、Ａ事業に追加投資をした場合、以下のような結果になります。

経営資源の配分を見直し⇒Ａ事業に２００追加投資

	売上	営業利益	営業利益率	事業への投資 (投下資本)	投下資本 利益率	投下資本 回転率
Ａ 事業	1,162	81.3	7%	1,400	5.8%	0.83
Ｂ 事業	1,200	60	5%	800	7.5%	1.5
全 社	2,362	141.3	6.0%	2,200	6.4%	1.07

出典:『経営会計―経営者に必要な本物の会計力。』

次に、Ｂ事業に追加投資した場合は、以下のような結果になります。

経営資源の配分を見直し⇒Ｂ事業に２００追加投資

	売上	営業利益	営業利益率	事業への投資 (投下資本)	投下資本 利益率	投下資本 回転率
Ａ 事業	1,000	70	7%	1,200	5.8%	0.83
Ｂ 事業	1,500	75	5%	1,000	7.5%	1.5
全 社	2,500	145	5.8%	2,200	6.6%	1.14

出典:『経営会計―経営者に必要な本物の会計力。』

　これらの比較事例から言えることは、営業利益率が高い事業よりも投下資本利益率が高い事業に経営資源を配分した方が営業利益は大きくなるということです。

　いくらA事業の営業利益率が高く収益性が高いとしても、会社全体での経営資源の最適配分を考える上では、営業利益率ではなく、投下資本利益率を投資の判断基準にすることが重要です。他の事業と比べて営業利益率が低くても、資産回転率の高い事業（投下資本利益率が高い事業）への投資を増やすと全体の利益は増えます。資産回転率が高いのも競争優位といえ、購買、製造、販売等の活動で他社と違いをつくっているからと考えられます。

　以上、この事例は、会社全体の営業利益率を高めるのではなく、投下資本利益率の向上を重視した投資を行うことにより、会社全体の営業利益を高めることができたと言えます。経営資源の最適配分を実現する観点でROICが有効な経営指標であることがおわかりいただけたかと思います。

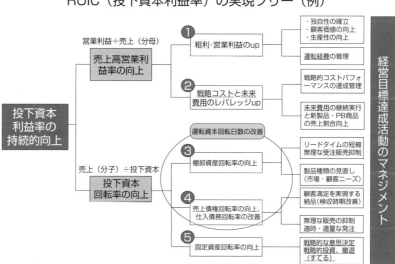

ROIC（投下資本利益率）の実現ツリー（例）

　では、このROICの目標水準をどのように実現していくのか、ROICを構成する要素に分解したツリーを紹介します。

　上記のツリーの中で、重要な費用分類について補足します。

・戦略コスト

　　マーケティングなどの戦略実行コストをいいます。翌期以降の収益拡大のために必要額を果敢に実行するためのコストです。

・未来費用

　　未来費用とは、ビジョンを実現し未来の利益を創り出すための費用です。

　　未来費用は、主に研究開発費と人財開発費で構成されます。人財開発費は、教育研修費等人財育成費や人財採用費が該当します。未来費用は、売上高に対する一定の割合もしくは一定の金額を維持し、目先の短期業績達成のために削られることがないよう、未来のための天引き投資と位置づけます。

・運転経費

　　運転経費は、営業費から、人件費・減価償却費等の基盤整備の固定費、未来費用、戦略コストを除いた費用で、通常のオペレーションの費用を言います。運転経費は、予算統制により、可能な限り削減し、戦略コスト等の財源に活用します。

・運転資本回転日数

　　別名、キャッシュ・コンバージョン・サイクル（CCC）と言います。材料の調達（商品の仕入）から、現金回収にかかる日数のことを言い、キャッシュ化速度とも言われます。

　　この日数が小さいほど、企業の現金回収サイクルが早いことを意味します。

　　CCCの改善は、キャッシュを早期に生み出し当期におけるキャッシュフローの獲得額が増えるため、次なる投資を効果的に進めることができます。

運転資本回転日数＝売上債権の回転日数＋棚卸資産（在庫）の回転日
数－仕入債務の回転日数

　こに ROIC の実現ツリーの最終的な目的は、図にありますように「経営
目標の達成」です。

　次章では、「経営目標達成のためのマネジメント」について解説してい
きます。

【コラム】（減損会計の経営的意義）

　4 章④で減損会計について、説明しましたが、本コラムでは、第 1 章の基本
戦略（"すてる"）や第 7 章のリスクとの関連で、改めて減損会計の経営的意義
を考えてみたいと思います。

　第 1 章で述べましたように、「すてる」ことは、強みに集中させ、イノベー
ションをおこすきっかけにもなるため、重要な意思決定です。ドラッカーは
「計画的廃棄」と呼んでいますが、環境は絶えず変化しているため、廃棄する
（すてる）べきものがないか定期的にチェックすることが必要です。このすてる
という行為（計画的廃棄）を会計的視点から議論するのが、減損会計の検討と
言えます。

　減損は、過去の成功と見切りをつけるための錦の御旗になることもできます。

　ちなみに、見切りの重要性については、江戸時代の商売人の商売哲学「見切
り千両」にも示されています。

　したがって、減損会計の検討は、後ろ向きに対応するものではなく、経営の
意思として真摯に検討すべきテーマと言えます。

　また、この定期的な見直し・廃棄をすることにより、やむにやまれず大規模
なリストラに追い込まれるような事態を未然に回避することもできます。

減損会計とは、"すてる"こと

す て る （ 計 画 的 廃 棄 ）

減損会計

簡単に言えば

将来儲けを生まない事業資産の簿価を減額し損失計上

ドラッカーは

事業・商品にはライフサイクルがあり絶えず環境変化の
波にさらされているので、定期的な見直し・廃棄が必要

出典：『経営会計―経営者に必要な本物の会計力。』

　さて、減損会計の検討をする際は、投資の意思決定時に外部環境・内部環境
を十分吟味して検討するのと同じように、外部環境分析が求められています。

投資検討時における外部環境分析と減損の兆候分析との関係

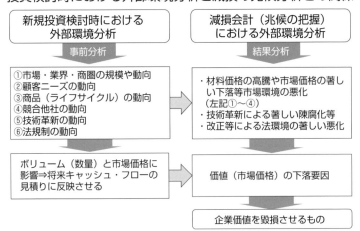

出典：『経営会計―経営者に必要な本物の会計力。』

　まさに、この外部環境の変化（悪化の兆候）の早期把握こそが、減損会計を
検討する経営的意義の本質とも言えます。なぜなら、目まぐるしく変わる環境

変化に対して、毎四半期ごとに変化の状況、悪化の兆候を把握・分析する習慣が定着することにより、リスクに対するアンテナの感度が高くなるからです。

　リスクはいつどこからともなくやってくるため、把握と評価のプロセスが欠かせません。その把握のために環境変化分析の重要性を改めて認識すべきです。

第4章　まとめ

本章のまとめは以下の点になります。

○損益分岐点分析（変動費と固定費、限界利益、損益分岐点売上高等）を理解する。

○変動費中心企業と固定費中心企業の違いを理解する。

○利益を拡大するため方策を損益分岐点図表で考える。

○新規投資の採算性の評価手法を理解する。案件ごと、期間を通して、キャッシュ・フローベースで考え、時間価値を考慮する。

○投資の評価の考え方は、減損会計でも使われている。

○日本の減損会計の3つのステップを理解する。

○新規投資とのれんの関係を理解する。

○のれんの正体を理解しのれん償却について IFRS と日本基準の違いについて理解する。

○会社全体の資本効率（投資効率）を理解する。

第5章

経営目標達成の
ための
マネジメント

① マネジメントシステムの確立
（財務数値管理と活動目標管理の有機連携）

　第3章では、財務会計の基本的内容とその数値を用いた財務分析について解説しました。外部公表数値を用いて、自社や競合の特徴、強み、弱みを把握することが主眼です。これをさらに深堀りして問題解決に繋げることが望まれます。

　第4章では、代表的な管理会計である「損益分岐点分析」や「投資の経済性計算」について解説しました。ここでは、社内における利益計画立案や投資の意思決定の際の考え方を示しました。

　第5章では、第3章や第4章の内容も吟味し作成された経営計画をいかに実現させるか、日常的に財務数値管理（予算管理）と活動目標管理（目標管理）を有機的に連携させ、会計ガバナンスを確立するかについて解説したいと思います。

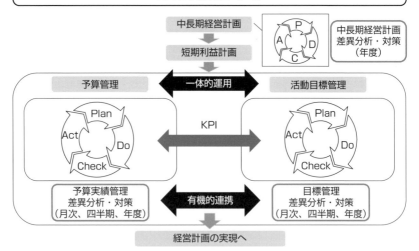

経営計画を実現するために予算管理と活動目標管理は一体として機能。
KPI が両者をつなぐ。

② 予算管理とは

財務数値管理（予算管理）

　それでは、まず、経営計画と財務数値の管理を行う予算管理の関係を解説します。

　企業は理念・ビジョンを掲げ、目標を設定し、それを達成するために外部環境・内部環境を分析し全社戦略や事業戦略を立案します。これらの計画をまとめたものが（中長期）経営計画です。ここでは、中長期の目標利益額や ROE、ROA、売上高利益率といった数値目標を設定され、単年度の利益計画も作成されます。この短期利益計画を、財務会計の具体的な科目（売上高や各種費用等）に落として全社的にまとめあげた数値の計画表が予算になります。

　この予算を作成することを予算編成といい、その予算に対して実績を管理していくことを予算統制といい、予算編成と予算統制を合わせて予算管理といいます。

　なお、上場会社は、業績予想を開示しています。それらの業績予想を参考にしつつ投資家は、投資の判断を行っています。そのため、予算の数値を達成できるよう計画的に経営を行う必要がありますし、それが難しい場合は、速やかに、業績予想の修正を発表する必要があるのです。

　また、上場準備会社も、同様に、上場会社に相応しい計画的な経営が出来るか否かを審査されることになります。その鍵を握るのが、この予算管理なのです。

予算管理には予算編成プロセスと予算統制プロセスの、２つのプロセスがある。

・予算管理の２大プロセス

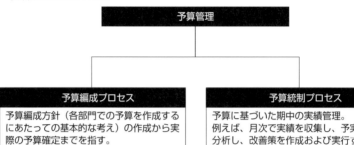

予算編成

予算の編成方法

　予算の編成方式には、トップダウン方式、ボトムアップ方式、併用方式と３つの方式が存在しています。

方式	内容・留意点等
① トップダウン方式	・経営陣が意思決定し、一方的に各部門の予算を決める方法（割当予算） ・トップの意向は反映されるが、現場の意見が無視され、予算が「ノルマ」と感じられ、動機付けにつながらないことがある。 ・事業立上げ時や経営環境激変時等のトップの強いリーダーシップが必要な場合は適している場合がある。
② ボトムアップ方式	・現場の各担当者が自主的に予算を設定し、それを集計することで企業全体の予算を設定する方法（積上予算） ・現場の実情が反映される半面、トップの意向をあまり反映できずに現場の担当者が容易に達成可能な甘い予算を作成し、トップの考える利益計画と乖離するおそれがある。 ・経営環境が良好の場合は、自主的で継続的な努力の積上とマッチする場合がある。

③　併用方式	・まず、トップが短期利益計画に基づいて予算の大枠の方針を設定し、次にその方針に基づいて各現場で予算原案を作成して、これを積み上げたものと全社の短期利益計画とが一致するように予算委員会などの組織で調整し、最終的な予算を設定していく方法 ・コミュニケーションが促進され、全社でコミットメントが得られる可能性が高い。

　実務では、併用方式が多く採用されています。ただし、ボトムアップを偏重しすぎて目標設定が低くなる傾向があり、また、多階層にわたる予算調整により、予算編成に多くのコスト・労力を浪費してしまう企業も少なくありません。いかに公平でシンプルな予算編成ができるかは、経営トップと事務局の予算編成の運用方法にかかっています。

【予算編成プロセスの例】

予算編成プロセスは一般的には以下のような流れをたどる。

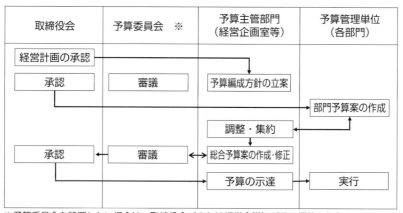

※予算委員会を設置しない場合は、取締役会（または経営会議）がその機能を行う。

　実務では、権限と責任が明確な企業の組織（部門）を予算管理の単位に設定し、管理会計も企業の組織（部門）別に管理できるよう整備することが一般的です。予算制度が形骸化している場合やうまく機能していない場合は、今一度、組織の責任と権限に不整合はないか、管理会計との不整合

はないかを見直すことが必要です。

予算の体系

　予算は、一般的には、①損益予算、②資金予算、③投資予算の３つに分類され、これらから総合予算（貸借対照表・損益計算書・キャッシュ・フロー計算書）が作成されます。

① 損益予算

　　損益計算書（P/L）の各項目についての予算であり、売上高予算、売上原価予算、製造予算、商品購買予算、販売費及び一般管理費予算、営業外損益予算などから構成されます。

② 資金予算

　　現預金の出入りを中心とした資金繰りについての予算であり、具体的には現金収支予算、資金調達予算などから構成されます。

③ 投資予算

　　設備投資や有価証券などの投資についての予算であり、具体的には設備投資予算などから構成されます。

　資金予算や投資予算は全社に広く関係する予算であることが多く、一般的には企業の経営計画に基づいて経理部・財務部や経営企画室が作成します。一方、損益予算は、各予算管理単位（各部門）の事情を汲んで検討する方が有用な予算となります。ここでは企業内でも多くの部門に関係する損益予算のうち、主要な項目の留意点を下記で解説します。

項目	損益予算の設定方法の留意点等
① 売上高予算	・売上高予算は、他の予算の前提のため、先行して編成 ・製品やサービスの種類ごとに数量と単価を区分 ・地域別、顧客別、製品別、担当者別等必要に応じて細分化 ・外部環境分析・内部環境分析・経営方針との整合性を考慮 ・経営幹部、営業、マーケティングなど複数の意見をもとに検討
② 販売費予算	・販売費予算は、売上高予算とあわせて検討 ・販売費予算は、販売促進費予算と販売物流費予算に分けられる ・販売促進費予算は、広告宣伝費などの企業方針により決まる。経営環境を考慮し、過去支出額を参考に総額で予算化 ・販売物流費予算は、販売数量に比例して発生する場合が多く、予定販売数量をもとに予算を設定
③ 製造予算 商品購買予算	・数量ベースで売上高予算の中で販売予測数量が決まると期末在庫数量の予想を設定することで製造予定数量や商品仕入予定数量が決まる ・製造予定数量をもとに直接材料費、直接労務費、製造間接費等に分けて製造予算を設定 ・商品仕入予定数量をもとに各商品の予定仕入単価を用いて商品購買予算を設定
④ 一般管理費予算	・総務部や経理部が主管するコストは、固定費的な性格が強いので、前年の実績などから金額を見積もる ・研究開発部やマーケティング部が主管する研究開発費や新規市場調査費等は、企業の戦略に従い、政策的に予算を設定

予算統制

予算の統制とは

　予算の統制とは、実際に活動した結果を実績として集計し、当初の予算と比較して分析（Check）を行い、その結果を各現場にフィードバックす

予算のPDCAマネジメントとは、予算のPDCAのプロセスを循環させることによって、継続的な経営改善を推進するマネージメント手法です。

─── PDCAマネジメント ───   ─── 説明 ───

予算管理
担当部署の
モニタリング

(Plan → Do → Check → Act の循環図)

PLAN：予算の編成
予算を設定し、それを具体的な活動目標に落としこみ、行動計策を策定する。

DO：実行
予算達成に向けて行動計画を実行する。

CHECK：チェック
実行した『実績』と『予算』を対比し、未達成時には、その原因を分析する。

ACT：対策立案
原因分析を踏まえて、目標を達成するための対策を立案する。

ることによって、戦術や行動の修正など必要なアクション（Act）につなげていくことです。言いかえれば、予算に関して、いわゆる"Plan-Do-Check-Act"（PDCA サイクル）をまわすことになります。

予算実績の差異分析（Check）のプロセス

① 管理本部による実績の集計

　　管理部門（経営企画室や経理部など）が月次の実績を集計し、予算と対比したフォーマットに落とし込んだ予算実績比較表を各部門に配布します。

② 現場部門による差異分析及び対策

　　各現場の部門では、予算と実績の差異の理由を把握し、対応策を検討します。

　その内容を先述したフォーマットに記載して、管理本部に送付します。

③ 管理部門による取りまとめ

　　管理部門は、各部門から上がってくるフォーマットについて、必要事項の記載の有無や内容の確認等を行いつつ、経営会議用の報告資料

を作成します。

④　経営会議での議論

　　経営会議では、各部門から予算実績の報告がなされ、原因や対応策
について議論がなされた上で最終的な対応策が指示されます。

⑤　各部門の対応策の実行

　　経営会議の議論を踏まえて各部門では対応策を実施し、翌月の経営
会議で、その対応状況を含め、次月の予実分析を行います。

　　予算統制プロセスは一般的には以下のような流れをたどる。

・一般的な予算統制プロセス

月次決算

月次決算の早期化の重要性

　予算統制も、注意すべきポイントは、他のPDCAマネジメントサイク
ルと同様（PDCAマネジメントサイクルについては、150頁を参照）です
が、予算管理は、財務数値の集計という特有の留意事項があります。

　経営環境が著しく変化する今日では、いち早く、分析結果をマネジメン
トに報告し、次の一手を打つことが重要視されています。そのためには、

実績値を早めに把握することが予算管理上のキーポイントになります。

　皆さんの企業では、月次の決算を締めて予算・実績差異の報告を一通り完了するまでにどの程度の時間を要していますか。マネジメントへの報告が翌月の月末またはそれ以降になっていたら要注意です。

　もし、そのような状況ならば、月次決算がボトルネックになっているケースが多いです。皆さんの企業で、月次報告のタイミングがどうなっているかをカレンダーで確認してみましょう。

月次決算の早期化の施策

　月次決算に時間を要している場合、月次決算のステップを2つ（1次締め・2次締め）に分けて、予算・実績報告ができないか検討してみましょう。

（1次締め）：影響の大きい項目については概算で予定計上し、細かい経費計算の処理は省略して1次締めを行います。これにより速報ベースで予算・実績差異分析を開始することができるようになります。また、さらに報告の早期化を実現する工夫として、速報ベースで週次の経営会議等でマネジメントには報告しておき、責任者の確認のもと次のアクションを早く起こしておくことも考えられます。

（2次締め）：2次締めでは細かい経費の部門配賦や原価計算等の作業を実施して、精度の高い会計処理まで実施し、これにより月次の決算が確定します。

　　　　　　すでに1次締めの段階でしかるべきアクションに取り組んでいる状況ですので、2次締め後の月次の取締役会には確定ベースでの差異分析（※）と既に取り組んでいるアクションの実行状況が報告できることが理想的です。

（※）２次締め後の差異分析は、基本的には速報ベースでの差異分析と同じ結果が想定されます。もし大きな違いが生じた場合は、１次締め処理の方法見直し等を検討する必要があります。

● 取締役会を毎月15日前後に開催することを目標にした場合、実績の数字を締める日数はかなりタイトになる（決算早期化の必要性を検討）
● 原因分析のためには主要部門の管理者、プロジェクト責任者クラスからの情報吸い上げが不可欠であり、時間もかかる
● 取締役会の報告日から逆算して必要な日数を考慮し、決算のデッドラインがどこになるか考える

（取締役会を15日と仮定した場合のスケジュール例）

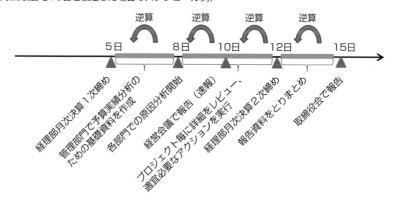

③ 活動目標管理

活動目標管理

　さて、②では予算管理について解説しましたが、予算より実績がビハインドしているときに、財務数値の予算と実績の対比だけで、具体的に業績の改善ができるでしょうか。

　そうです。財務数値だけでは、具体的に改善行動に移すことが難しく、有効な管理ができないのです。

　そのため、予算を達成するために、具体的にどのように活動すればよいか決めて、その活動目標を定量的に設定し、予算と同様に PDCA マネジメントを実施することが重要なのです。これが、活動目標管理です。

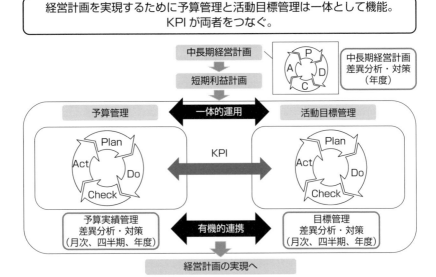

経営計画を実現するために予算管理と活動目標管理は一体として機能。KPI が両者をつなぐ。

KPI（Key Performance Indicator）

KPI の設定

それでは、予算を達成するように活動目標管理をどのように行えばよいか。

皆さん、KPI という言葉を、聞いたことがあると思いますが、この KPI が、まさにキーになります。KPI（Key Performance Indicator）とは、何らかの目標を達成するための要素となる重要管理指標のことをいいます。活動目標の PDCA サイクルを客観的に分析するための具体的な指標です。この KPI を予算と連動して設定することが重要になります。

KPI として何を指定するかは企業の業種や特徴により様々で、一律に「これが KPI になるべき」という答えはありません。活動目標管理は、管理可能な活動範囲の中で、計画達成のためにどう行動するのかという視点になるので、KPI の設定もそれぞれの管理単位の特徴に応じて実に多様化します。

一例を挙げると、営業部門の KPI は受注獲得件数や提案・見積件数であったり、顧客にサービスを提供する部門の KPI は稼働率であったり、

KPIを用いた管理

各々の管理可能な範囲が異なるために活動目標の管理指標としての KPI の設定方法も異なります。

　なお、ここでの KPI は、個人の評価対象よりは、大きな概念で、組織として管理指標として考えて欲しいと思います。個人の評価対象の KPI として考えてしまうと、個人が、自分の評価に関係のない、それ以外の重要な管理指標を蔑ろにしてしまうリスクがあるからです。

KPI の見直し

　そして、注意すべきは、当該 KPI は、必ずしも、財務数値と連動するとは限らないということです。例えば、PDCA の Plan の段階で、外部・内部環境分析により、売上を増やすには、「新規顧客の訪問数」を増やすことが最も効果的であるとの仮説に至り、これを KPI として目標値を設定し行動したとしましょう。しかし、その KPI を達成したとしても、必ずしも売上向上という財務数値に結びつかないことは、多々あります。

　ここが重要なポイントですが、それでも KPI による管理をあきらめてはいけないということです。一度、KPI を設定したら、一定期間の継続

KPIの見直し

現状では、売上高全体または従来製品の販売数量をKPIとしていたため、具体性に乏しく、財務数値の改善にもつながらなかった。

営業マンが新市場に対して注力するようなKPIが新たに設定され、行動変化に繋がった。その結果、財務数値も改善された。

財務数値の改善と行動変化を促すようなKPIの見直しが必要。

は必要ですが、そもそも、仮設ベースで KPI を設定していますので、KPI の目標値を達成しても財務数値の実績が改善されないのであれば、KPI の設定を見直して行くのです。これを繰り返すことで、次第に、KPIの設定の精度が上がり、継続的な財務数値の改善にも繋がると考えられます。

PDCA のコツ

PDCA の重要な要素

KPI を設定したら、これを達成するため PDCA を回すことになります。まず、PDCA を回す前に、次の２つの重要な要素を確認しましょう。PDCA を回すための「仕組み」とそれ運用する「リーダー」です。

1）「仕組み」設計のために必要なことは
- ・業務内容の定義（使命、責任、業務フローを明確にする）
- ・報告帳票の設計（効率的な情報共有をフォーマット化）
- ・報告、確認会議の設計（継続的なモニタリングの仕組み）
- ・管理ポイント（KPI・活動目標・管理指標）の明確化

2）「リーダー」に求められる役割は
- ・PDCA サイクルを廻す推進者、責任者
- ・プランは仮設ベースであること、環境の変化は常にあることを踏まえている。
- ・プランのその精度とスピードを向上すべく、常に改善アクションを進める。
- ・「部下まかせ」で自分の業務を放棄したら衰退することを肝に銘ずる。

　当初の仕組みの設計はもちろん大事なのですが、仮設ベースでスタートしています。やはり、リーダーによる PDCA への真剣さ、継続的な改善が業績向上のカギであると考えられます。

PDCA のそれぞれのポイント

Plan：よく考えて、具体的な計画に落とし込む。

PDCAサイクル

Plan：よく考えて、具体的な計画に落とし込む	
— PDCA —	— ポイント —
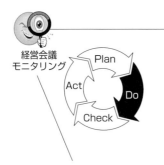 経営会議 モニタリング	①「現状把握」「意味合いの抽出」「解の方向性の明確化」「施策の評価」「実行計画」をよく考える。 ②Pをいい加減にすると、Cの深堀りができなくなる。 ③リーダーは、目標を押し付けるのではなく、よく考えられたチャレンジングなPを求め、立案の指導を行うべき。

Do：計画通りにしっかりと実行する

PDCAサイクル

Do：計画通りにしっかりと実行する	
— PDCA —	— ポイント —
経営会議 モニタリング	①計画通りにやりきらないと、意味のあるCが出来ない。 ②やりきるためには現場との連携体制、信頼関係が必要。

Check：なぜを徹底する。

PDCAサイクル

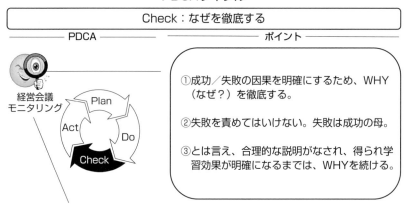

Check：なぜを徹底する	
── PDCA ──	── ポイント ──

経営会議
モニタリング

①成功／失敗の因果を明確にするため、WHY（なぜ？）を徹底する。

②失敗を責めてはいけない。失敗は成功の母。

③とは言え、合理的な説明がなされ、得られ学習効果が明確になるまでは、WHYを続ける。

Act：やり方を見直し、進化させる。

PDCAサイクル

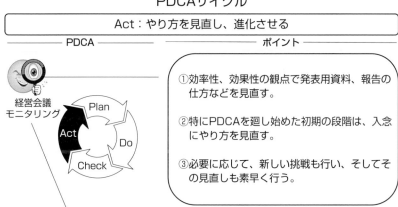

Act：やり方を見直し、進化させる	
── PDCA ──	── ポイント ──

経営会議
モニタリング

①効率性、効果性の観点で発表用資料、報告の仕方などを見直す。

②特にPDCAを廻し始めた初期の段階は、入念にやり方を見直す。

③必要に応じて、新しい挑戦も行い、そしてその見直しも素早く行う。

第5章 まとめ

本章のまとめは以下の点になります。

○財務数値管理と活動目標管理の有機連携の仕組みを理解する。

○財務数値管理の基本である予算管理（予算編成と予算統制）の仕
組みを理解する。

○予算統制の肝となる月次決算の早期化の重要性を理解する。

○予算達成のための活動目標管理とそれを実行するための指標 KPI
を理解する。

○ PDCA マネジメントサイクルのそれぞれのポイントを理解する。

第6章

情報を
お金に換える

　本章では、会社における「情報」とその支えとなる情報技術の活用について触れます。「触れる」という表現をしたのは、読者にはこのような分野を専門としていないかたも多いことが想定されるなかで、専門的な内容は一旦置いておいて、流行りの用語に惑わされることのないよう情報や情報技術を会社のビジネスにどのように使えばよいか考える足掛かりとしていただくことを目的と考えているためです。情報技術に関する用語にはアルファベットが並べられた略語を使われることが多く、移ろいやすく短期間で別のことばに置き換えられます。

　筆者は、マスコミで取り上げられるような技術や商品に振り回されている会社をみてきました。システムのベンダー等からの営業攻勢も激しくなり、導入したものの結局、期待の効果にはほど遠いということはありませんでしょうか。インターネットの効果で近年の技術の変革のスピードがますます早くなっており、情報技術に関する変革も激しくなっていますが、その確立や一般化に向けた「波」があります。振り回されず、惑わされないで本質を見極めて、会社の状況からどの波に乗るべきか考えるべきです。
　優位性をもつビジネスにはアイディアが必要で、情報技術による後ろ盾も必要ですが優位性を確保するためにはリスクをとって挑戦をしなければならない場面もあります。またその活用は何のために行うのか経営目標との平仄が大前提となります。会社によって情報技術の活用状況は全く異なりますが、勘所を把握いただき取組みの一助になれば幸いです。できるだけ一般的なことばを使いますが、概念的な説明となることをご容赦ください。

■新版にあたって

　本書の初版を執筆していたころ、ITやシステムではなく「デジタル」が、さらには「デジタルトランスフォーメーション（DX）」という言葉が一般に使われ始めておりました※。経済産業省よるDX推進ガイドラ

イン策定とほぼ同じタイミングで、初版でも使っておりました。DX とい
う単語が溢れるこの新版のタイミングですが、この言葉がこのまま使われ
るのか、あるいは一過性のものになるのかはわかりません。ビジネスモデ
ルの変革や経営者の積極的な関与の必要性に対して言及されることが多い
のですが、一般に使われることになった背景や環境は今後の経営のために
も考慮されるべきことと考えます。背景としては、Iot や AI の普及、安
価なクラウドによるデータやアプリケーションの管理等、業務の現場デー
タを積極的に活用ができるようになっている一方で、事業会社における管
理業務を中心として効率性があがらず、多くの会社で基幹業務システムに
依然として COBOL 言語によるレガシーシステムが利用され保守が難し
くなっていることに加え、2020年代半ばには情報処理技術者が足りなくな
る状況が見えていること等があります。さらには情報システム関連に関し
てマネジメントレベルの積極的な関与、参画がままならいこともあげられ
ます。これは2020年の年初からのコロナ禍による混乱でも課題となった会
社は多いのではないでしょうか。

　流行りに振り回されずに経営情報のための仕組みについて考えることを
本章のスタンスとしておりますので、大きく内容を変えておりません。
2019年に経済産業省によって取りまとめられた『デジタル経営改革のため
の評価指標（「DX 推進指標」）』における「DX 推進のための経営のあり
方、仕組みに関する指標」においても『経営トップのコミットメント』を
あげています。今後「DX」という言葉が流行で終わるとしても、多くの
経営者にその積極的な関与の必要性を認識していただき、行動に移ること
ができたとしたら意味合いは大きいものになると考えます。

　　※筆者の所属するデロイトトーマツグループによる著作「両極化時代のデジタル
　　　経営」（2020年）においては、「Business Transformation with Digital」として
　　　DX ではなく「dX」としています。

① 情報をお金に換える「仕組み」とは

　どこにもある簡単な例から考えてみましょう。例えば、ある企業において全国の各県にある営業所から複数の営業担当者が帰社後、日報を標準フォームに統一された Excel のシートに入力し営業所長にメールで報告し、翌日営業所長がそのなかで重要と考える情報を集約して、本社に報告していたとします。ある程度効率的にはなっているかもしれませんが、紙で行っていたことをそのまま「システム化」したもので、結果中心であり勘に頼っての取りまとめにすぎません。

　これを営業成果の向上のため各担当者にタブレットなどのスマートデバイスを持たせて本社に直接報告する仕組みを構築しデータを蓄積することで、報告された内容だけではなく、成果に結びつけるための分析とアドバイスをフィードバックして、位置情報から効率的なルートを提供するようなことがおこなわれています。ビジネスの一面を切り出して効果を上げようとした例です。

　日本の建機メーカによる全世界で稼働する１台１台の建機の機械稼働管理システムは有名です。また農機具メーカの農機具による耕作、収穫等の自動化も話題になっています。構築の経緯や時期等は違いますが似たような例として欧州の商用車メーカの例があります。商用車で販売台数世界一の同社ですが、製造販売した数十万台ものトラックをインターネットでつなぎ情報を取得し、ハード自体のメンテナンス情報だけではく、ドライバーの情報から教育や管理につなげ、さらには運送経路の管理を行っていると報道されています。

　製品の優位性を別次元に引き上げたり、事業の範囲を変えたりしていますが、インターネットを前提に GPS と劇的に廉価になったセンサーを多用した工場の機械や移動体での例は増えています。基盤となる情報技術と情報を使って製品、事業のやりかたをかえる。さらには事業の構造そのも

のをかえること、最近のことばでいえばデジタル・トランスフォーメーションでしょうか。単に現場業務の効率化ではなく、経営目標の達成のため、あるいはそのために事業を変える仕組みです。

　前述のように建機や農機、トラックのかたちと製造・販売というビジネスの仕組みの概観はそのままに、センサー、GPS、インターネットを介して本部につなげ多様な情報を把握し分析することにより、ユーザの運用や販売店の管理に貢献し、数十万台のデータが収集、蓄積されることによって将来の次世代機の開発に、経営情報として経営判断に役立ちます。もし情報のインプットが日常的な、一般の人がもつスマートフォンからであれば対象とデータは膨大になります。これをもとにビジネスモデルのアイディアを考える……、情報をベースにした仕組みづくりとなります。

　ただし各企業の経営目標が同じわけはないですし、取り囲む環境や目標に向けて投入できるリソースは企業それぞれ異なります。したがって上記のような例をそのまま取り込んでも期待した効果をあげられるものではありません。経営目標にむけていかに収益をあげるための仕組みなのか、また事業を効率的に行うための仕組みなのかの視点は欠かせません。

　ところで、従前から、事業のリソースとして、ひと、もの、カネ、そして情報と言われます。

　以前は目に見えない「情報」以外の3つで語られることも多かったものの、BtoCの事業にしても、BtoBの事業にしても自らものをつくって、加工して販売する、ものを仕入れて販売する、あるいはサービスを提供することでお金に換える会社がありますが、情報を活用せずに永続している企業はありません。これらのリソースを活用して、事業を行うことでそれぞれのリソースが強化され、さらに事業に投入されることで更なる展開、成長の原動力となっています。

　リソースが投入され事業を回す実際の仕組みをビジネスシステムと呼ぶことがありますが、ビジネスシステムではリソースをいかに活用し、他社との差別化につながる価値を生み出し、さらに増幅し、強化されることが

158

重要であり、さらなる成果につなげます。つまり、ひとは知見をつけ、熟練し、ものは効率化され、カネ（収益）を生みだし、可用性の高い、つまり使える情報になります。そしてビジネスシステムをさらに強化し、永続的なビジネスとなります。

そのビジネスの流れをフロー図等で表してみると他社との差別化や優位性となる付加価値となるはずの情報の表現が難しいことに気づくことがありますが、組織の内部の共有のためにも、その収益をあげる仕組みを体系として、現場での活動や収集した情報がどのように目標とした収益につながっているかを適切に表現する必要があります。つまり情報をお金に換える仕組みは、経営目標に対して、「稼ぐ」ための構造ととるべき施策を明確にして、「現場での情報の収集と活用（分析、利用）」と「経営目標に対するモニタリング」の2点を中心とした仕組みといえます（イメージ図：下図①②）。

昨今、「情報」の位置付けや価値が変化しています。自社の優位性のためその活用の仕組みを見出すことが肝要ですが、情報は一度「生成」され

①目的を見失った経営管理

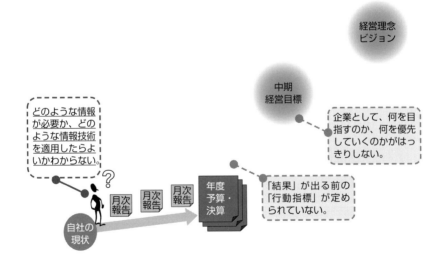

②経営管理のイメージと情報システム

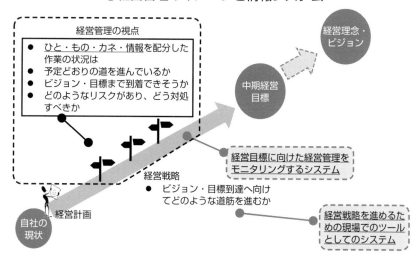

経営管理の視点
- ひと・もの・カネ・情報を配分した作業の状況は
- 予定どおりの道を進んでいるか
- ビジョン・目標まで到着できそうか
- どのようなリスクがあり、どう対処すべきか

経営理念・ビジョン

中期経営目標

経営戦略
- ビジョン・目標到達へ向けてどのような道筋を進むか

経営目標に向けた経営管理をモニタリングするシステム

経営戦略を進めるための現場でのツールとしてのシステム

自社の現状

経営計画

ると、利用される機会が増大しますが、その際の複製、伝達することのコストがほとんどかからないという特徴があります。この特徴を活かすことで、事業を効率的に行うことにもつながり、そしていわばフィードフォワードとして将来につなげることになります。また自社だけではなく顧客にとっての付加価値の向上につなげられるが重要になってきます。次項以降で、情報技術による現場の変革および経営管理について考えます。

② 情報技術の活用による変革

　組織や業務のありかたと情報システムは密接に関係しています。入力担当者が入力したデータがバッチ処理され結果だけを担当者が受け取っていた状況から、オープン化された業務システムやインターネットを利用することにより、ある国の拠点でモバイル機器から入力されたデータによって瞬時に更新され、世界で共有することが難なく可能となっています。

　ホストコンピュータが活用され専任入力者までいた時代から社内ネットワークやインターネットと並行してオープン化されたクライアントサーバ型システムに遷移するとともに展開されることの多かったソフトウェアに基幹業務の統合管理パッケージシステム、いわゆる ERP パッケージソフトがあります。

　自社でハードウェアを持たないクラウド化が進んでいますが、このソフトウェアはそれまでの専用業務ソフトよりも業務の適用範囲が広くなったとともに、あるいはそのために取引データに付加される情報が多いことが特徴の1つです。それ以前はその業務範囲のなかで単純な情報しかもてませんでしたので利用できたのはその業務部門だけということが多く見られました。

　ハードウェアの制約も大きかったものの集中的に特定分野を管理しているために保持する情報が最低限必要な項目だけでもよかったのです。これは業務別に様々な元帳や台帳がありコンピュータシステムがなかった時代と同様かもしれません。情報技術の進展により、例えば在庫の管理の対象が国から世界全体に、1月から日次やリアルタイムにと、広域にまた短時間にと地理や時間の壁を低くしています。いわゆる世界的なサプライチェーンはこの一例でしょう。

　オープン化された業務システムやインターネットを利用することにより、

ある国の拠点でモバイル機器から入力されたデータによって瞬時に更新され、世界で共有することが難なく可能となっています。本項では、そのような情報技術の進展と業務上活用するにあたって重要なポイントとなるデータのインプットと明細データの取得、組織間システム間のインターフェイスについて考えてみます。

AI、Iot、ビックデータ、アナリティクス、ロボティックス、ブロックチェーン、VR、AR等は最近、話題となる情報技術のことばです。事業改革をおこすような情報技術は何が違うのでしょうか。もちろんデータの処理の能力も重要ですが、「インプット」、それも「現場」でのインプットに注目する必要があります。

ソフトウェアも特定のハードウェアに依存したものからハードウェアに依存しなくなり、情報システムがオープン化され、データベース管理ソフトや分析ツールが一般化することで、その結果の活用も各業務の担当者が直接おこなえるようになりました。

一般的に業務の見直しを進める場合でも、その業務の前段階での対応を迅速に、また効果的におこなって本業務に引き継ぐことが肝と言われます。例えばセンサーやモバイルのツールが営業や生産の現場に入りこみ、入力される項目も多くなっています。神経のシナプスの先のようなシステムの末端が業務のフロントに入る傾向が強くなっていますが、それを加速化させるような技術が一般化したことが理由と考えられます。

例えばAIはディープラーニングという機械学習の考え方の1つの確立によって実用化から普及の段階になっています（下図）。AIの活用のためには、データ（いわゆるビックデータ）が欠かせません。そのためにはビジネスの現場からデータを収集し、蓄積する必要があります。このときデータは、一般にイメージするようなある時点の属性データはなく、活動、動きのデータです。

AI の位置づけ

Artificial
Intelligence（AI）

Cognitive
Automation

Robotic Process
Automation（RPA）

人間の知能を模倣

システムが人間の意思疎通
を模倣
システムが自ら判断し、行
動する

人間の知能を強化

意思決定時にシステムがサ
ポート

人間の行動を模倣

ルールに基づいた繰り返し
実施される定型業務を対象

　例えば、ある人の人事評価のために「仕事に対する向きあいかた」を評価者の個人的な主観から判断していたものを、実際の行動のデータを積み重ねることで AI がその「答え」を出すようことに使われます（そのためなぜそのような結果が導き出されたかがわからないことが課題になっています）。これは AI による極端な例ですが、動きといったような細かなデータを取得し、システムにインプットし、集め、分析し、さらにはインターネットを介して双方にやり取りする機能が揃いましたので、例えば、ある技術をもつ熟練者の動きをインプットし、それを遠隔地の現場で機械が再現し、双方向でやりとりしながら進めるということも可能ですし、様々な業態、事業での展開が考えられるはずです。

　また個人を焦点としたワン・トゥー・ワン マーケティングというマーケティングの手法があり、ホテル業界などのホスピタリティ業界での地道な活動例等はありました。今まではこの人物はこのような傾向のある人々の集合に入るという「属性」としての捉えられかたをしてその属性にそったサービスの提供がされていましたが、細かなデータの蓄積と分析によって、「この特定の人物は」といった個別の対応も可能性を拡大しています。

　技術の進展と一般化には波があります。例えば、ビックデータやアナリティクスと同様の概念が何年かおきに話題になっています。AIに関しても、昨今の波は第3次とも言われますが、筆者の所属する監査法人においても業務への適用の検討がすすめられていますが、80年代、筆者の友人も人工知能を研究していたことを思い出しますし、その後エキスパートシステムが話題になったこともありました。Iotについても、例えば、FA（ファクトリーオートメーション）の進展した日本の工場においては話題になる前からネットワークにつながる機能を備えていた機械も多かったのではないでしょうか。このように小さな波が何回か来たあと、技術的に大きな進展があったり、考えかたが整理されたりと波及するきっかけがあると「うねり」になります。

　問題はいつどのようにビジネスに活かしたかたちで構築するかです。情報を収集し状況によっては小さく試行してみる、情報化投資の可能性を検討しておく等動向を見据えて乗るべきタイミングを見諮る、あるいは乗らないと判断するという見極めを行う必要があります。だたし大きなうねりになったときに、うまくのっていく必要もありますし、乗らなければ一気に取り残される可能性もあります。

　AIやlotといった言葉や技術が浸透していますが、実際の適用や導入は容易ではありません。自社の立ち位置を明確にする等経営目標にそった情報技術の活かし方を検討し、技術的な動向を見極め、経営に活かす態勢や仕組みをつくるかが肝要です。

　ところで前述の現場のフロントでの情報の取得のほかに、もう1つ情報技術を使って解決したいポイントがあります。前述の動向といったレベルよりも技術的なハードルは低いものかもしれませんが、製造、在庫管理、販売（営業）の基幹業務における情報の共有、組織やシステム間の連携です。次項で考える経営および経営管理によったことかもしれませんが、多くの企業、企業グループで解決されていない課題です。

　例えば、複数の生産拠点、営業拠点をもつ企業で在庫の情報を一元的に管理できておらず課題にあげられている企業は少なくないのではないでしょうか。もちろん製造業の会社だけではありません。業務においても、システムにおいても問題が発生する傾向が高いのは、組織間、業務間であったり、システム間であったりします。製造、在庫管理、販売さらには管理の基幹業務における情報の共有は統合管理パッケージである ERP パッケージソフトを導入すればよいというものではありません。実際、筆者の経験上からも ERP パッケージソフトを導入している会社でも適切に統合できていないことも数多くみられます。

　さらに前述のとおり現場のフロントで収集される情報は細かく大量になっています。また情報技術の進展により複数のツールが複雑に絡んでおり、基幹業務の連携の困難さが増しています。経営によって示された方向にそった業務間の連携した基幹システムの適切な構築、導入、そしてフロントのシステムの連携が求められます。

③　経営情報と情報技術の管理

　今まで述べてきた経営のリソースのひと、もの、カネ、情報の４つの分類は単純化していますので、本来それぞれ多義的です。例えば前述の営業や生産、あるいは個人の行動といった現場における「情報」に対して、経営管理や経営会議で使われるような「情報」があります。

　本章のテーマの情報をお金に換えるという意味合いでは、経営目標に対して、それを「稼ぐ」「儲ける」ための構造ととるべき施策を明確にして、前項のビジネスのモデルを大きく変革する可能性のある現場での情報の活用に対して、本項の経営目標に対するモニタリングするための情報をその区別と関係を含めて考えます。

　経営者は経営目標をたてて、必要に応じてビジネスを見直し、現状と目標とのギャップを埋めるための道程となる戦略を策定します。その戦略が適切か、想定したような道程をたどっているか状況をモニタリングし対応を指示します。このときに使われる情報は基本的にはビジネスの仕組みが適切に運用されているとか、業務が想定とどの程度ギャップがあるかといった目標と結果に対するものになります。

　一方でその目標に対して生産や営業の現場においては部門や担当者が目標につなげていくためにどのようなアクションをとるかです。経営管理上でKPI（Key Performance Indicator）という行動の指標で現場における行動を確認し、そこから目標であるKGI（Key Goal Indicator）という結果としての指標につなげるという考え方があります（下図）。このKPIによるマネジメントの詳細は割愛しますが、KPIは行動の指標、KGIはそれに対する結果となる目標指標であり、現場で適切な行動をとっているか、KGIに至るKPIは正しいか、つまり「稼ぐ」「儲ける」ための構造ととるべき施策は正しいかということをモニタリングする必要があり、そのため

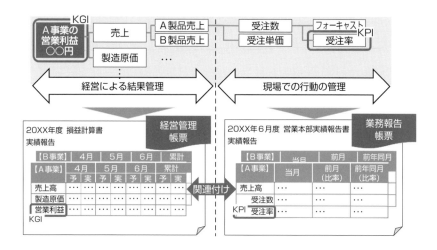

の仕組みを構築する必要があります。

　KPIにつながる現場のアクションに関する必要な情報が情報技術を使うにしても、直接入力されるにしてもインプットされ、それが組織を横断して経営目標につながっているかどうかをモニタリングし、分析し、経営判断し、フィードバックできる仕組みです。最新の情報技術を使う必要はないかもしれませんが、それぞれの企業にあったかたちを実現することが必須です。

　ところで、ここまで述べてきた情報や情報技術を担当するのは、システム部門やシステム担当だと考えていませんか。ある会社にとってはそれでもよいかもしれませんが、会社によっては、システムのハードウェアの管理や業務ソフトの運用を担当しているだけかもしれません。筆者が知る限りでも管理部門でシステム部門ほど会社によって役割が異なる部門はないのではないでしょうか。

　管理するシステムやデータ、情報機器の構成が複雑になり、またネットワーク化され広範化されていることが一因であると考えられますが、それにともなってシステム部門・担当がどこまで管理するかの考え方に依存し

ます。例えば、あなたの会社にあるネットワークプリンタや監視カメラを管理しているのは、どの部門かご存知ですか。システム部門や総務部門でしょうか？あるいはどちらかから委託された外部会社でしょうか？

　もちろんどの部門が管理すべきかといった正解はありません。会社の方針やシステムの状況、内外の環境などによります。システム部門が業務改善を担当する部門に衣替えする例もありますが、もし役割が明確でなければシステム部門・担当の役割をはっきりさせる必要があります。さもないと担当者はインターネットを活用した将来の情報システムの構想や計画策定から日々のコピー機のメンテナンスまで振り回されることになります。

　「情報」管理はどの部門が行うのでしょうか。例えば、スタッフ部門である人事部門は人事・労務・給与に関して規定し、経営の方向性に沿った人財を含めた採用、休職退職の対応、社員の給与・賞与の計算、福利厚生、個人情報の管理等を行っています。一方でその会社のリソースの1つである「ひと」自体は、会社各部門に所属して管理されています。また財務部門では、同じくリソースの1つである「かね」に関するルールを決めて、現金等の管理をし、支払いを行い、入金の確認し、運用を行っています。また経営計画と平仄をあわせた資金繰りの検討など、人事や財務の担当部門ではどの会社でも同様の業務を行っています。

　一方で「情報」は様々な部門で規定にしたがって管理される「もの」と異なり見えないため、「情報システム部門・担当」による管理をイメージされるかたが多いようです。しかし、人事や財務の例のように、1つの考え方として情報システム部門・担当は従来の情報システムの導入、運用だけではなく情報システムや情報技術に関する規定を策定し、さらには計画にそった将来の情報システムを検討する部門ととらえることができます。その場合、対象が情報システム自体なのか、情報技術全体なのかは、会社によって考え方に違いがあるのが当然でしょう。ただしインフラを構築し

運用できるようにして、組織全体でいかに「情報」を効果的、効率的に活用できるようにするのがこの部門・担当の役割と考えられます。「情報」の担当がシステム部門という認識があるとすると、もともとデータ処理が情報システムの役割だったため、データとの区別が難しかったことによるものと思われます。それが人事制度等と異なり、急速な変化、複雑化の波に対応したものの、組織によっては整理ができずに現在に至ったということでしょうか。今や情報システム部門・担当に求められるのはリスクを見据えた高度なセキュリティ態勢の構築や技術動向の把握と適用の検討が重要な役割となっています。

　経営者が経営目標とビジネスモデルを考え、目標に向けた戦略と実際のビジネスの仕組みをCIO（チーフ・インフォメーション・オフィサー）や経営企画部門や経営戦略部門といった経営者直轄の組織・担当者が検討し、その目標に向けた戦略実現の道具だてとなる情報やシステムも考えることになります。ちなみにCIOのIは、その求められる役割からインフォメーションの他、インテリジェンスともイノベーションとも言われています。

④　情報活用に対する会社の方向性

　情報技術の進展は地理的な壁や時間の壁を低くします。これを組織や業務に適用しない手はありません。階層を少なくしてフラットな組織につなげることも可能となりますし、迅速な経営判断につなげることも可能なります。例えば県別、国別の組織の組織を情報技術の進展によってそれより大きなエリア別に集めたり、そのレベルの組織をなくしてしまったりということでイメージできるかもしれません。

　ただし情報技術が組織のフラット化につながるはずであるのに、日本では中間管理職の多階層化から抜けだせない会社が多いという議論がありますが、本来目標に向けた戦略の実現の1つの方法が組織設計であるはずですので、フラット化自体を目的とするのは間違いですし、ことばが先行するのではなく、フラット化とは何なのか、フラット化によるメリット・デメリットも見極める必要があると考えます（中間管理職が多いことによる弊害としての意思決定が遅いことを指摘されていることはもちろん理解しておりますが、そうであれば事実をもとに経営の方針として意思決定の迅速化を明確に掲げて対応を考えるべきです）。

　情報技術の進展は壁を低くすることとともに社内の業務だけではなくビジネスの商流のなかで細かな管理ができるようになります。これは様々な代替案の検討につながります。現場の情報をつかって効率的に運営することは可能になりますが、やはり経営判断は重要で、その判断ができる経営人財を育成する重要性は、情報技術が発展しようとかわらないと考えます。ビジネスモデルを考え、具体化の計画をたて、現場におとして動かせる人財の育成は必須です。

業務における事例

　これまでの熟練や経験といったものから、新しい情報技術による行動や動きに関する情報の入手や活用は想定もよらないビジネスのヒントが隠されている可能性があります。2つの業務で考えられる対応をみてみましょう。

営業活動

　真偽はわかりませんが、営業の担当者はAIが普及しても必要な職業と言われています。営業担当者に将来にもわたり求められるスキルは対人の交渉力でしょうか。BtoBにしてもBtoCにしても顧客に接することになる営業部門においては、営業活動前後の活動の効率化が求められています。例えば、顧客とのやり取り（行動）のシステム化による登録の自動化や共有にとどまらず、負荷の高い営業管理として結果報告のロボティクス等による効率化が進められ、業法にも依存しますので特定の業界では契約手続きの電子化と販売管理の基幹システムの連携による営業担当者の付加の軽減が図られています。

　そのようななか活動の情報から営業担当者の得手不得手を分析し、特定の相手に対する営業力の発揮をサポートする仕組みをつくり営業に専念させる、あるいは交渉力の承継を効果的に行えるよう実績データをもとにしたVR（仮想現実）の仕組みを活用することが考えられます。

メンテナンス・アフターサービス

　生産の現場ではすでに様々な工夫がされています。一方で今後、様々な分野でメンテナンス業務が増大することが想像されます。AR（拡張現実）、VRの活用や熟練データの蓄積が始まっています。通常はそのデータを利用してインターネットを通じて遠隔地での自社での活用の想定が一般的ですが、このデータを利用しない手はありません。例えば、同業他社に対す

Iot による熟練作業のビジネス化イメージ

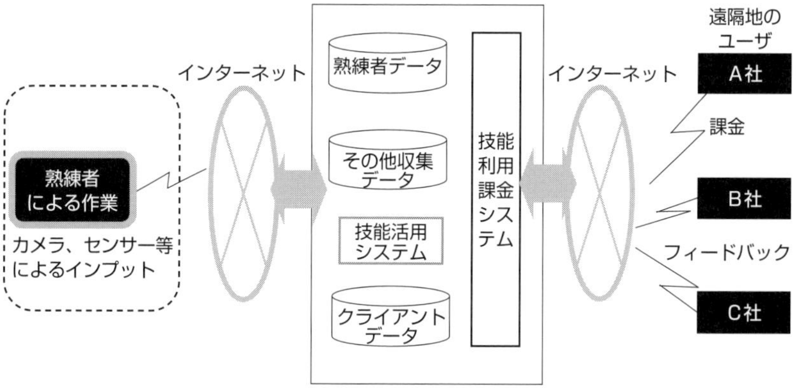

る課金制度の設定が考えられます（上図）。

組織

　情報技術の進展によって組織を変えられる可能性についてはご理解いただけると思います。米国企業の Google などによって情報インフラを短期間での寡占化のような状況にし、また中国企業による新興製品の急速な展開は、日本企業の、特にバックオフィス業務の低い生産性や現場の人手不足、働き方改革の話題とともに羨望の的のように取り上げられることもあります。これらの課題は混同せず整理して考える必要がありますが、なぜ日本の企業で情報技術面においてこのような目立った展開を行う企業が少ないのでしょうか。

　これは経営目標とそれに向けた戦略の欠如、あるいは戦略があるとしてもその浸透、本社と現場との不連携と大きな関係があります。特に日本では生産等の企業活動の現場における QCD の努力によって価格と品質の競争に勝ち抜いてきた面があることも否めません。現場力の強さに引っ張られてきた印象があります。もちろんそうではない会社も多数あることは理解しています。ただ経営への情報技術の採用を積極的に考える場合、現

戦略策定・遂行と情報活用における障害（壁）

経営目標

経営戦略A

経営戦略B

経営戦略C

経営目標達成に向けた戦略の重要な「道具」が情報技術であり、情報が「材料」のひとつとなりますが、それを使いこなすことのできる組織、人財も必要です。

立ちはだかる障害（壁）は様々ですが、「既存」の組織、情報システムや会社のもつ情報技術レベル等も戦略の策定と遂行に大きく影響します。

現状

場力だけではなく経営や会社組織としての取組みが必要になります。

　そのためにはもしそのような体制になっていなければ後述する人財の確保とともに、会社にデジタル・トランスフォーメーションを持ち込めるような立場の経営者直轄の体制組織や担当を置くこと、あるいはその将来的な設置を前提に経営企画や情報システムといった部門のなかに準備室等をおくことの検討を進めるべきと考えます。

　導入企業が増えている RPA（ロボティクス・プロセス・オートメーション）を専門の新組織で運用する例がありますが、業務改善だけではなく、組織改革・業務改革も経営者に進言できるような立場での対応も一考かもしれません。

人財

　この組織を支え目的を達成するためには人財の確保が重要になります。

外部からの確保も考えられますが、そのような人物がいたら報酬が高いことも考えられ、他からも引っ張りだこでしょうし、他に転じる可能性が高いことも考えられます。そうであれば自分で率先して、関連する知見やノウハウを習得していくのも現実的な方法です。このような情報は外部の人がもってきてくれるものではなく、工夫して情報感度を磨きながら、収集し、検討し、蓄積し、いかに経営や事業に役立てるかの判断に情報提供しアドバイスできる人財の育成が肝要です。特にいろいろな情報に振り回されず、いまその波にのるべきタイミングか、その環境か否かを判断する必要があります。このような情報は、例えば、システムベンダーの営業担当者が無償で提供してくれるようなものではありません。会社の実情を理解したうえで適切なアドバイスをできるようになるには実際にトライしてみる試行錯誤が重要です。情報技術を使って事業を大きく変えられなくとも、その活用による改善だけでも大きな違いがでてきます。そのための意識改革が重要になります。

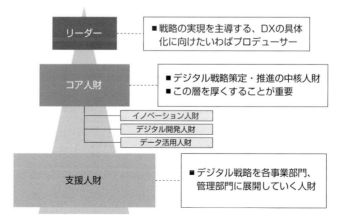

情報技術の活用（デジタル化）の推進と人財

リーダー …… ■戦略の実現を主導する、DXの具体化に向けたいわばプロデューサー

コア人財 …… ■デジタル戦略策定・推進の中核人財
■この層を厚くすることが重要

イノベーション人財
デジタル開発人財
データ活用人財

支援人財 …… ■デジタル戦略を各事業部門、管理部門に展開していく人財

174

仕事	必要となるコア人財	
新たなビジネスを創出する仕事	**イノベーション人財**	✓大局的な思考、意思決定できる ✓情報技術を利用した新たなビジネスが生み出せる
情報技術使い共に働く仕事	**デジタル開発人財**	✓戦略を理解したうえで、情報技術を活用し、ビジネス・業務をデザインでき、ソフトウェアを生み出せる ✓その管理・監視ができる
	データ活用人財	✓ビジネス・業務と戦略、データの関係を理解している ✓収集データの分析、活用のための思考ができる
	参考	
情報技術とすみ分ける仕事		✓人間性・コミュニケーションを武器にできる ✓自動化されない専門性を追求できる
情報技術で代替できる仕事	**RPA等情報技術による代替**	

（出所）経済産業省「新産業構造ビジョン」を参照して作成

　デジタル技術の実際の導入にあたって、PoC（Proof of Concept 概念実証）という実証を目的とした検証や初期の試行の段階を踏むことが多くなっています。実務上小さくはじめることは現実的な対応です。しかし、新しい技術を導入する際、社内を、特にマネジメントを説得するための材料にすることを目的として、自分が持つ予算の裁量の中で、他に協力を求めずに、自分の組織だけで検討を開始して結局うまくいかず進まない例も多いようです。会社全体の取組みとしてそこを乗り越えるため、継続してチャレンジできる環境やそのためのリソース、経営や組織としての度量も欠かせません。

　情報および情報技術の活用によって業務を効率的に改善するだけではなく、抜本的に見直し、新しいビジネスモデルを再構築し、あるいは新しい事業につなげるといったことがおこなわれます。スタートアップ企業でもなければ、既存の事業やそのためにつくられ使われてきた情報システムがあり、その保守も考えなくてはなりません。最新の情報技術を求めたとしても、その適用は容易ではありません。複数の事業があれば、それぞれどのように情報技術を適用するか並行して検討すべきでしょう。ある既存事業に対して情報技術を活用して間接費の低減を進め、またある事業に関し

てはその活用で事業自体の梃入れをおこない売上を拡大させる。デジタル人財とともに検討と開拓を進めた新しい事業の成果を徐々に出していく。あるいはその検討内容を活かすため、技術をもつ企業、スタートアップ企業や研究機関等連携する組織のノウハウを取り込む。これらのことを少し長い目でみる継続した取組みが必要です。

事業への取組みと情報技術

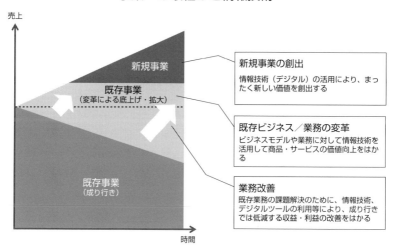

第6章　まとめ

本章のまとめは以下の点になります。

○情報や情報技術の活用に関して、成功している他の会社と同じことをしてもうまくいかない。

○流行りのことばに惑わされず技術的な動向の本質を見極め、経営に活かす態勢、仕組みをつくることが重要。

○情報をお金に換える仕組みは。ビジネスの構造と施策を明確したうえで、現場での情報収集と活用と経営目標に対するモニタリングができることが前提。

○「情報」をどのように使ってビジネスをおこなうかの仕組みを考えるのは CIO のような経営に関わる役職者や経営者直轄の部門、担当者であるべき。そのような人財の育成が肝要。

第7章

経営の
三大リスクと
ニューノーマル下の経営

　本章では、経営の３大リスクとニューノーマル下の経営について、解説します。３大リスクとは、不正リスク、不作為リスク、不人気リスクです。前章までの内容が前向きな内容でしたが、本章では、会社が危機に陥らないための守りの役割についてとりあげます。これまで、理念を語り、ビジョンを共有し、その実現のために必要な制度や方策について説明してきましたが、これらは本章のリスクへの備え・手だてがあってはじめて、成就します。

　せっかく立てた戦略や仕組みも、リスクへの対応ができていなければ、安心して実行し100％運用することができないからです。

　代々築き上げてきた信用・ブランドを一瞬にして、消し去るものは、不正の発生や顧客の離反等です。信用が崩れるのは一瞬ですが、再び築き上げるには膨大な時間と労力が必要です。①不正リスクの項より、新任役員がおさえておくべきリスクについて解説します。

　そして、最後にニューノーマル下の経営について、お話しします。

　ワクチンの摂取ができるようになっても、新型コロナウィルス感染が日常的なリスクになりつつある時代の会社運営の留意点や重要テーマ（健康経営）についてお話しします。

①　不正リスク

なぜ起きるのかの原因が重要（コンプライアンスの徹底不足では済まされない）

　著名企業をはじめ、あの企業がこんな不正をするなんてというような事例を目にすることは少なくありません。まだ記憶に新しいところでは、次のような事例があります。

　例1）経営者による大掛かりな会計不正

　　　　　　短期利益至上主義が原因

　例2）経営者による大掛かりな排ガス規制逃れの不正や燃費操作不正

　　　　　　販売台数目標至上主義が原因

　例3）大手メーカーの品質検査不正

　　　　　　過剰品質による過剰管理（オーバースペック）が原因

　例4）会社財産の横領事件

　　　　　　従業員の不満足（従業員満足の大幅な低下）が原因

これらの例を順番にみていきたいと思います。

例1）経営者による大掛かりな会計不正

　大手メーカーの事例はまだ記憶に新しいところであり、短期利益至上主義が原因とされ、経営者による過度なプレッシャーが引き金になりました。ではなぜ、短期利益至上主義に走ってしまったのか。本質的な課題は、それを重視する企業の価値観にあったと思います。つまり、長期的な利益よりも短期的な利益を重視する価値観、社会的な価値は脇に置き経済的な価値を過度に重視する価値観が大元にあったのでないかと思います。経営の原点にもどり、自社にとってあるべき価値観は何なのかを再考すべきといえます。

例２）経営者による大掛かりな排ガス規制逃れの不正や燃費操作不正

　海外の大手メーカーの事例もまだ記憶に新しいところです。この原因は、販売台数目標至上主義にあったと言われています。規模の拡大を最優先にした経営目標が引き起こした不正であり、違反したとしても実際の製品の使用にはほとんど支障はないとの独りよがりの甘い考えもあったのかもしれません。現状の事業規模は信用（ブランド）の上に成り立っていること、そしてその信用は、「誠実さ（integrity）」をはじめとする行動規範の上に成り立っていることを忘れてはなりません。規模や収益の前に、信頼をベースにした行動規範が最優先にされなければなりません。

例３）大手メーカーの品質検査不正

　最近発生した事例であり、過剰品質による過剰管理（オーバースペック）が原因と考えられています。高い品質は日本企業の強みであり、各企業は更なる品質の向上を目指して鎬を削ってきました。顧客にとって本当はそこまでの品質が必ずしも必要とされないにもかかわらず、品質競争の結果として顧客と契約する品質基準が過度に高い水準となり、過剰品質が生まれ、それを実現するための過剰管理が行われました。無理な管理は納期に悪影響を与えるばかりではなく、現場の疲弊を生み、それらから逃れるためにこの程度は本来必要な製品品質に影響を及ぼさないという現場の判断が、検査不正を起こしたと言えます。本来、顧客と契約した品質基準を下回る品質で出荷する場合は顧客の同意が必要ですが（特別採用、通称トクサイ）、上記のとおり同意を得ずに現場の判断で行われてしまいました。このように、トクサイが悪用されたことを反省し、品質をグレード別に分けて取引することが検討されています。強度や耐久性などの品質に応じ価格等取引条件を分類し、メーカー（サプライヤー）と顧客はこの選択の幅が増えた条件にしたがって、契約するため、そもそもトクサイが入り込む余地はありません。自社が考える高品質ありきではなく、顧客にとっての価値、実際の使用品質を再定義することが重要です。

例4）会社財産の横領事件

　この事例は、従来からよく発生している事例です。会社財産の横領は、従業員の個人的な欲求を満たすために行われ、一方では、会社の内部統制の脆弱性につけこみ、不正の機会を得て財産を横領してしまうことがあります。ただこのような理由で不正をしてしまうのには、どこかで、従業員が会社に対して不満を持っていること（従業員満足の大幅な低下）が原因と考えられます。この場合、内部統制を強化することは解決策の1つですが、そもそも従業員の不満を洗い出し、会社として改善・対応することと、従業員にも改善してもらうことを明確にし、双方が十分なコミュニケーションをとって問題解決を進めることが重要です。従業員の側に不満を抱えさせておくことがないよう、特に新任役員は現場の目線を十分ふまえて、組織の課題を率先して解決することが求められます。

② 不作為リスク
（リスクテイクしないリスク）

　不作為のリスクとは、失敗を恐れて何もしないリスク、リスクテイクしないリスクです。この不作為に陥らないためには、まず、リスクテイクの本質をおさえること、次にリスクテイクできる環境を整備することが必要です。

リスクテイクの本質

　リスクテイクの本質とは、高い目標を掲げることによる新分野・難しい分野へのチャレンジといえます。会社が持続的に成長していくためには、イノベーションが必要であり、イノベーションを生み出すためには、リスクテイクはなくてはならないものです。これまで存在しなかった新しい技術や製品、新しい市場を生み出すためには、何かしらのリスクを取らなければなりません。また、不確実性というリスクを伴うからこそ、その不安を打ち消すために自社の強みをいっそう磨き上げることが重要となります。自社の強みを継続的に磨き上げることは、新たな製品を開発し新たな市場を創造する機会となります。したがって、リスクテイクの前提として、強みを磨き上げておくという不断の努力が欠かせません。

リスクテイクできる環境整備が必要

　それでは、リスクテイクできる環境整備が必要になりますが、環境整備としてはどのような項目が必要でしょうか。
　本書では次の4つの項目を紹介し、説明していきます。
　・情報収集システム
　・仮説型 PDCA マネジメント
　・意識と行動の変革を伴った人の存在

・コンプライアンス・リスクマネジメント（内部統制）⇒大元で支える
　項目

　上記の説明に入る前に改めてリスクとは何か定義を確認しておきましょ
う。

　リスクとは、「経営目標の達成を妨げるもの」と解釈されています。

改めてリスクとは

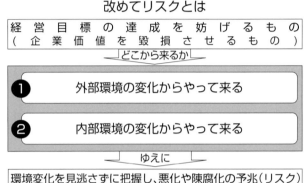

（出典）『経営会計－経営者に必要な本物の会計力。』

　したがって、まずはしっかりリスク分析することが重要であり、そのた
めの仕組みを整えておくことが大事です。

　リスク分析は、外部環境分析の一環として、行うことが重要です。すな
わち、リスク分析を単独で行うのではなく、経営計画や事業計画を策定す
る際に行われる経営分析（SWOT 分析等）の一環として行うのが現実的
であり合理的です。下記の図は外部環境の脅威としてどのようなリスクに
さらされているのかを分析し、強みで対抗するところと、弱みが合わさっ
てしまうところはそのビジネスはやらない（すてる）という決断をするた
めのツールです。

外部環境分析と内部環境分析によるリスク分析

		外部環境 リスク分析	
		機会（チャンス）	脅威（リスク）
内部環境	強み	集　中	磨き上げ 新規開発
	弱み	限定補強	すてる

　リスク分析のためには、リスクベースを作成し、定期的に更新することが重要です。昨今では、特に災害や健康面のリスクに留意が必要です。

リスク一覧表の例

大分類	中分類	小分類
戦略リスク	ビジネス戦略	新規事業・設備投資
		研究開発
		企業買収・合併
		海外生産拠点の崩壊
		生産技術革新
	市場マーケティング	市場ニーズの変化
		製品の不発
		価格戦略の失敗
		宣伝・広告の失敗
		競合先の急成長
		顧客のグローバル化
		情報技術革新
		少子化
	政治	法律の制定・制度改革
		税制改革
		国際社会の圧力
		貿易問題、通商問題
		戦争・内乱
		政変・革命・テロ・暴動
	経済	経済危機
		景気変動
		原料・資材の高騰
	社会	不買運動・消費者運動
		風評
		地域住民とのトラブル
		誘拐・人質
		反社会的勢力による恐喝・脅迫
	メディア	インターネットを用いた批判中傷
		マスコミによる批判・中傷
		メディア対応の失敗
	資本・負債	格付けの下落
		金融支援の停止
		資金計画の失敗

大分類	中分類	小分類
戦略リスク	人事制度	集団離職
		従業員の高齢化
		海外従業員の雇用調整
		採用
		モチベーション低下
	事業継承	後継者
		古参幹部の離反
		M&A
財務リスク	資産管理	デリバティブ運用
		不良債権・貸し倒れ 取引先倒産
		株価変動、金利変動、為替変動
		地価・不動産価格変動
	財務報告	不正
		誤謬
		開示ミス
	流動性	黒字倒産
ハザードリスク	自然災害	竜巻・風害
		落雷
		地震・津波・噴火
		天候不良・異常気象・冷夏猛暑等
	事故・故障	火災・爆発
		設備故障
		交通事故（就業中）
		航空機事故・列車事故・船舶事故
		労災事故
		停電・断水
		運送中の事故
		海賊・盗難
		放射能汚染・放射能漏れ
		有害微生物漏洩、バイオハザード
	情報システム	情報システム誤作動・設備故障
		コンピュータウィルス・サイバーテロ
		個人情報漏洩

大分類	中分類	小分類
オペレーショナルリスク	製品サービス	製品の瑕疵
		事務ミス
		製造物責任
		リコール・欠陥商品・製品回収
		プライバシー侵害
	法務・倫理	個人情報、顧客情報漏洩
		機密情報漏洩・情報管理の不備
		知的財産権・著作権侵害
		特許紛争
		環境規制違反
		役員従業員の不正、不法行為
		商法違反・不当な利益供与
		独占禁止法・公正取引法違反
		不正取引
		インサイダー取引
		社内不正・横領・贈収賄
		企業倫理違反・問題情報の隠蔽
		外国人不法労働
		役員賠償責任
	環境	環境規制強化
		環境賠償責任・公害
		環境汚染・油濁事故・土壌汚染
		廃棄物処理・リサイクル
	健康	感染症（新型コロナウイルス等）
		過労死・安全衛生管理不良
	労務人事	労働争議・ストライキ
		差別（性・国籍・出身・宗教など）
		職場暴力、パワーハラスメント
		セクシャルハラスメント
		海外駐在員の安全
	経営者	経営者の死亡・執務不能
		乱脈経営・粉飾決済
		役員のスキャンダル

　それではリスクテイクできる環境整備の4つの項目を順番にみていきましょう。

リスクテイクの環境整備（４つの項目）

情報収集システム

　１つ目は情報収集システムです。まず情報収集については、市場や顧客等外部環境の「変化」に関する情報がターゲットになります。変化はリスクであり、チャンスにもなるためです。

　一方、過去の記録という意味での情報も重要です。例えば、過去のリスクテイクした戦略投資の事例として、当時の外部環境や内部環境、意思決定プロセスと判断基準はもちろん、投資実行後の状況、環境変化に対応した軌道修正の記録、意に反した結果になった場合の検証記録（教訓）等についても今後の意思決定の参考情報になります。

　次に、現場情報の収集システムについて製造メーカーの事例を紹介します。

　このメーカーでは、世界に200社以上あるグループ企業の前線の営業員等から、毎週、社内で「週報」と呼ぶ市場メモを集め、市場の変化をつかんでいます。週報は、前線の営業員やメンテナンス部隊、開発技術者が、顧客やその取引先との付き合いの中で見聞きした市場の変化や顧客の動向（エンドに近い情報）を書いたものです。この市場の生の動きを書き込んだ週報が、毎週、世界中から経営者の元に届き、それに迅速に目を通した

経営者から必要な指示が出されるのです。「世界のいろんな市場の小さな動きまで、あらゆることに目を光らせている。だからこそ即座に方向を変える決断ができる。」（経営者）

　また、市場や顧客に関する情報のほか、自社の製品に関する評価情報も重要です。大事なことはどんな些細な不具合でもマイナス情報を迅速かつ漏れのないようにトップまで報告する体制が極めて重要です。一見些細と思われることでもそこには重大なリスクが潜んでいる可能性があるからです。また製品の改善事項は製品の改良や新製品の開発につなげられる重要な情報ですので、網羅的に情報を収集することが重要です。網羅的に情報を収集する上において、留意すべき点があります。それは、マイナス情報を報告した人を責めないことです。むしろ報告を奨励する文化が重要であり、マイナス情報の原因（仕組かプロセスか教育か等）を追求することが最も重要であることを社内全体に周知することが必要です。

「責任追及でなく原因追及」

　この姿勢・風土の醸成が重要です。

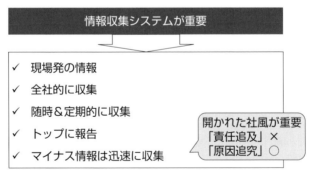

環境変化（悪化の予兆含む）を掴むために

情報収集システムが重要

✓　現場発の情報
✓　全社的に収集
✓　随時＆定期的に収集
✓　トップに報告
✓　マイナス情報は迅速に収集

開かれた社風が重要
「責任追及」×
「原因追究」○

仮説型 PDCA マネジメント

　2つ目は仮説型 PDCA マネジメントです。

　環境が大きく変化している状況においては、仮説に基づく行動そのものが、リスクテイクとなります。そこで、迅速かつ果断なリスクテイクを行うためには、仮説の精度を上げることが重要となります。そして、仮説の精度を上げるためには、情報の収集と分析力を高めること、つまり、1つ目に説明した「情報収集システムの整備」がポイントになるのです。情報は環境変化に関する情報であり、現場で生の情報をおさえること、時には顧客の声を聴きまくることも重要です。仮説を立てたら、その計画を実行し、検証することが必要です。検証することでさらに仮説の精度・確度を高めることができるからです。

　このように仮説に基づき PDCA マネジメントサイクルを回すことが、リスクテイクを果敢に推進していくことそのものに他ならないのです。

環境変化・リスク分析による仮説の設定とＰＤＣＡマネジメント

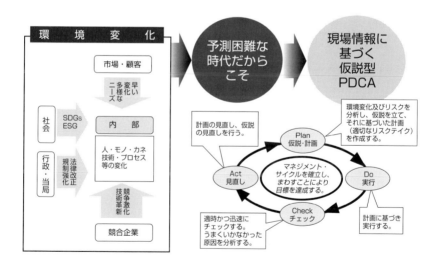

意識と行動の変革を伴った人の存在

　3つ目は、意識と行動の変革を伴った人の存在です。リスクテイクする

ということは、そもそもチャレンジであり、安定志向ではなく、成長意欲
に基づいた行動です。時に危機意識を持ち、果敢にチャレンジするには、
人の意識と行動の変革が欠かせません。下記の図をご覧ください。

環境変化に対応する人の意識（危機意識）

「今までと同じことをしていたら、
今までと○○結果が出るだけ」

環境が大きく変化しているので、
「今までより○○結果が出る」

図の○○の中にどんな言葉を入れられたでしょうか。

最初の○○が「同じ」、次の○○が「悪い」になります。だからこそ、
高い意識を持ち続けて実行していくことが大事になるのです。

そして高い意識に基づいて、行動する際のポイントは下記になります。
それは行動の質と量を意識して変え、実行することです。そしてそれを可
能にするのは、絶対実現したいビジョンがあること、チャレンジや失敗を
良しとする風土があること、そして、従業員の意識と行動の変革に導く上
司のリーダーシップの存在です。

質と量を変えた行動ができれば、リスクテイクを成し遂げることができ
るでしょう。

環境変化に適応する人の行動とは

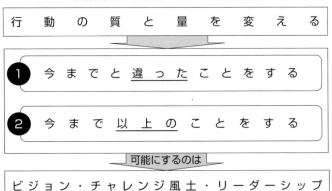

コンプライアンス・リスクマネジメント（内部統制）

　最後の4つ目は、コンプライアンス・リスクマネジメント（内部統制）
です。コンプライアンス・リスクマネジメント（内部統制）は、リスクテ
イクを大元で支える項目です。果敢にリスクテイクできるためには、安心
できる法令順守の仕組みやリスクを適切に管理できる仕組みがベースにな
くてはなりません。まず、コンプライアンスについて説明をしていきます。
コンプライアンスは器だけ作っても機能しないことは、これまでの不祥事
から明らかとなっています。そこでコンプライアンスを機能させる要諦と
して、次の3つの項目をみていくこととします。

コンプライアンスの要諦

```
器 （ 制 度 ） だ け つ く っ て も 、
コ ン プ ラ イ ア ン ス は 機 能 し な い
```

コンプライアンスのポイント

「責任追及」×
「原因追究」○

行動規範を
日常会話に
落とし込む

開かれた
社　風

性 善 説
アプローチ
（社員満足）

　1つ目は、行動規範を日常会話に落とし込むことです。

　日常会話に落とし込むために有効な方法の1つは、Q＆Aを用意する
ことです。

　Q＆Aは本当に身近なもので、すぐにイメージできる具体的な事例を
織り交ぜたものが有効です。

　第8章で取り上げていますが、"我が信条 Our Credo（4つの責任）"
で有名なジョンソン・エンド・ジョンソンの「業務上の行動規範」から、
2つのQ＆Aを紹介します。

我が信条：第一の責任と第二の責任

「我々の第一の責任は、我々の製品およびサービスを使用してくれる医師、看護婦、患者、そして母親、父親をはじめとする、すべての顧客に対するものであると確信する」
「我々の第二の責任は全社員—世界中で共に働く全社員に対するものである。」
〜安全で衛生的な職場環境〜

　ジョンソン・エンド・ジョンソンでは、当社施設や敷地内に勤務または訪問する社員、請負業者、および来客に、安全で衛生的な職場を提供することに尽力しています。

Q & A あなたならどうしますか？

Q：私のチームでプロジェクトの完了が遅れていて、事業会社が納期を守れるかどうかは、私たちの進捗にかかっています。幾つかの安全手順をスキップすれば、この目標を達成できることが分かりました。慎重に行えば、納期を守るためにプロセスを省いても大丈夫でしょうか？	A：安全手順は、社員の皆さんの安全を守り、当社製品とその利用者の健康を守るために制定されています。安全手順をスキップすることは認められません。マネジャーと話し合って、法令を遵守した方法で安全に仕事を完了できるような計画を作成してください。

　納期（会社の都合）よりも、安全を最優先にすることを、明確なメッセージとしています。安全手順を守るのは、すべて、顧客と社員の健康・安全を守るためであるのです。

我が信条：第四の責任

「我々の第四の、そして最後の責任は、会社の株主に対するものである。」

~会社の記録や公開報告書の正確さ~

　ジョンソン・エンド・ジョンソンは、世界各国において事業を展開する上場企業です。我々はすべての取引において、会社の決算報告の完全性を維持し、社内での意思決定を支援し、利害関係者における当社の評判を高める、正確な会計帳簿を付ける必要があります。

⇒賄賂、違法な政治献金、またはその他の違法な支払いによる特権や特別な利益の購入など、あらゆる違法目的に基づき会社の資金、資産または情報の使用することを禁止する。適切な報告期間において会社のすべての資金および資産を開示・記録する。

Ｑ＆Ａあなたならどうしますか？

Q：大手仕入先から、提供されたサービスの請求書を受け取りました。マネジャーからは、今四半期の財務目標を達成するため、この請求書を次の四半期まで「保留にする」ように言われています。どうすればよいですか？	A：収益と経費は適切な会計期間内に報告する必要があります。この場合、商品またはサービスが受領されていれば、経費を計上する必要があります。請求書を「保留にする」ことはできません。ファイナンスパートナーに相談しながら、この法的に正しい経費処理をする必要があります。

　適正な会計処理を行うことは、上場企業の最低限の責務であり、必ず守らなければなりません。財務目標の達成という目先の利益を優先することがあってはならないこと、そして、短期業績を過度に重視してはならないという長期志向の経営の重要性も示唆していると考えられます。

　そして、ここで、重要な点を付け加えておきます。

　それは正しい会計処理・適正な財務報告をするための内部統制として、この行動規範が機能していることです。具体的には全社的内部統制の肝となる統制環境として、行動規範が位置づけられており、Ｑ＆Ａというわ

かりやすく浸透しやすい形で示されていることは、大いに参考となる特筆すべき点と思います。

　いかがでしょうか。Q&A を日常会話に落とし込むことは上司の責任であり、それを組織的に推進するのは役員の重要な役割です。

　2つ目は、開かれた社風（風土）です。

　コンプライアンスの推進においては、法令違反は根絶し、社内ルールの違反も極力なくすことが求められます。しかし、どの組織においても問題や違反は少なからず存在し、全くゼロであることはありません。この場合、問題・違反をすべてオープンにするという社風が重要です。統制を強化し押さえ込もうとすればするほど、問題は顕在化しなくなり、隠されてしまいます。そうなると隠蔽の始まりとなり、重大な問題・違反が発生するのは時間の問題となります。それよりも小さな問題からすべてオープンに報告するよう奨励すれば、それらを確実に改善することで、大きな問題になる芽を摘むことができます。人を責めず責任を追及するよりも原因追及を重視する姿勢を示すことで、最終的には法令・社内ルールを順守することにつながります。

　3つ目は性善説アプローチです。

　それは、従業員を満足させること・会社へのロイヤルティを高めることが、不正の防止につながること・最良のコンプライアンスであることを全役員が改めて認識することが重要です。従業員が満足し、会社へのロイヤルティが高ければ、「不正は絶対しない」という意識が組織全体の行きわたり、これが最大の不正の抑止力になると考えます。

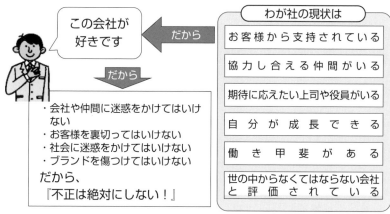

（出典）『経営会計－経営者に必要な本物の会計力。』

　キヤノングループでは、全従業員が上記のような強い思いを維持していくために、全役員・従業員に「キヤノングループ行動規範」の周知徹底を図るとともに、自らの行動をチェックするための「コンプライアンス・テスト」が書かれた「コンプライアンス・カード」を配布し、全役員・従業員が携行しています。

「コンプライアンス・テスト」

> あなたのその行動は、
>
> ☐　法律・ルールに触れませんか？
> ☐　うしろめたさを感じませんか？
> ☐　家族や大切な人を悲しませることになりませんか？
> ☐　報道されても胸を張っていられますか？
> ☐　社会に迷惑をかけませんか？
> ☐　キヤノンブランドを傷つけませんか？

　以上、コンプライアンスを真に浸透させるためには、従業員満足・ロイヤリティを高めるとともに、常時携帯するカード等により日常的な意識付

けを行っていくことが大切です。

　次に、リスクマネジメントについてです。

　例えば、海外市場に戦略投資するような場合、実態把握に困難が伴う
ケースがあります。このような場合においては、実際の現場を想定したリ
スクとその大きさ、また実行可能な軽減策の有無など、現場目線でのリス
クを予め評価し、そのリスク軽減策を策定・実行することが必要となりま
す。また実行した結果、ヒヤリハットは軽減したか再評価を行い、必要に
応じて軽減策の見直しを行います。このようにリスクに関して PDCA マ
ネジメントの仕組みを整備することが、戦略投資等のリスクテイクを支え
る環境になります。

③　不人気リスク

従業員が辞めるリスク

　会社が経営不振や経営危機でない場合において、従業員が辞める最大の原因は、従業員満足の低下と思われます。
- ・上司に認めてもらえない
- ・上司に評価されない
- ・自分のやりたいことができない
- ・自分のやりたいことを聴いてくれない
- ・仕事から達成感・充実感が得られない
- ・仕事を通じて成長する実感が得られない
- ・人事評価や給与に納得できない

等理由は様々なことがあげられます。

　では、役員はどのように解決したらよいのか、それは部下の直属上司が、まずは、しっかり部下と会話し、部下の思いを聴いてあげることが何よりも大切です。役員はこのような仕事の環境が整備されているか、上司は適正なリーダーシップを発揮しているか、を自ら確認することが重要です。特に、部下の指導・育成を直属の上司に任せきりの場合、いつの間にか優秀な社員が、辞めてしまうこともときにあります。そうならないためには、上司・部下を交えて、フランクに会話する時間を持つことが大切です。ランチや懇親会など、仕事を離れた場所で、自由に意見や思いを言い出せる環境を設定することが役員の役割です。上司と部下のギクシャクした関係を和らげるのも役員の仕事であり、上司の権限の範囲を超えるような部下の希望（本音）については、役員が直接関与しサポートしなければなりません。日々のことは上司に任せるとしても、何らかの懸念やリスクを感じ取ったら、役員が上手に動き調整することが大事です。そのためには、組

織の運営や、上司と部下の関係がうまくいっているかについて、その状況を観察すること、社内にアンテナをはることが極めて重要です。

　また、組織・制度の観点からは、例えば、従業員の意識調査や満足度調査の重要性を認識し、実施していなければ、導入に向けた提言を経営陣に行うことが重要です。また実施している場合は、適切なフォローアップと改善を行うことが大切です。その上で下記のような点が、組織全体として、行われているかをしっかり確認していくことが必要です。

・仕事の機会を与える

・仕事を通じて成長させる

・部下を認めて仕事を任せ、適切にフォローアップする

・部下を真剣に鍛える

・じっくり会話をする時間をもち、本人のやりたいこと、悩み、意見を　真摯に聴く

　また、前項（②）でも述べましたが、会社へのロイヤリティを高めることが大切です。そのためには、自社が世の中からなくてはならない会社だと評価されていること、お客様から愛されていることが重要であり、これは、とりもなおさず、自社のブランドを構築することに他なりません。役員は自ら先頭に立って、会社のブランドを創り上げ確かなものにしていく責務があります。ブランディングといえば、聞こえはいいですが、つまるところ、日々の業務を通じて、以下のことを一生懸命やる、ひたむきに地道に努力することが何よりも大事です。

・お客様に満足していただく

・お取引先に信頼していただく

・社会や地域のお役に立つ

・株主に利益を還元する

　ブランドを創ることは、信用を創ることであり、すべてのステークホルダーから信頼されることです。役員は、**従業員を含めたステークホルダーの満足度を高めること**が、ブランドを創り、結果として、従業員が辞めず

にやりがいをもって働くことにつながることを改めて認識することが必要
です。

顧客が離れるリスク

顧客が離れてしまうのは、下記の要因が考えられます。
・A 顧客にとっての価値を提供できなくなっている
　i　競合の台頭等により自社の製品・サービスの価値が魅力的でなく
　　　なってきている。
　ii　競合と同じ策で対抗してしまい、自社の強みを活かした策をおろ
　　　そかにしてしまった。
　iii　基本戦略に基づいた基本業務（3S など）の徹底ができなくなっ
　　　ている。（効率性を過度に重視してしまっている）
・B 顧客との関係構築・絆が弱くなってきている。
　i　販売・サービスを提供して終わり、アフターフォローをはじめ、
　　　顧客とのあらゆる接点において顧客の役に立つ活動をおろそかにし
　　　ている。既存顧客よりも新規の顧客開拓に奔走し、結果的に新規顧
　　　客の獲得以上に、既存顧客の離反を招いている。
　ii　目先の売上・収益を重視し、長期的な収益・顧客基盤の拡充をお
　　　ろそかにしている。

それぞれについての解決策を以下に示します。
・A-i について
　　自社の製品・サービスの価値が魅力的でなくなってきているのは、
　顧客に新しい価値や満足を提供する新製品・サービスが、開発できて
　いないためであります。したがって、目先の収益向上・営業強化にこ
　だわらず、長期視点に立ち、研究開発活動を充実させ、資金面におい
　ても十分な研究開発投資を行うことが必要です。
・A-ii について

競合と同じ策で対抗してしまい、自社の強みを活かした策をおろそかにしてしまうのは、強みを活かすことが経営の本質であることを十分に認識していないためです。例えば、競合他社が、EDLP（Every-Day Low Price 毎日低価格）を実施しているからといって、同じ策で対抗しては大手には勝てません。それよりも地域密着路線・地域の素材を活用した当社しかできない魅力的な商品開発など付加価値の高い商品で勝負すべきです。自社の強みは何か再定義し、強みを最大限に活かすことを基本戦略に据えることが最も重要です。

・A-ⅲについて

基本戦略に基づいた基本業務（3Sなど）の徹底ができなくなっているのは、効率性をあまりにも重視し、顧客の立場に立って顧客が欲するような商品仕入、きめ細かな接客サービス、アフタフォローを十分に行っていないためです。たとえ少額の取引でも既存の顧客のために商品を仕入販売することで、顧客満足が向上し、その評判により新たな顧客が増えるということもあります。一時の収益や効率を重視することなく、長期的視点で基本戦略を着実に実行することが重要です。

・B-ⅰについて

顧客との関係構築・絆が弱くなってきている、アフタフォローをはじめ、顧客とのあらゆる接点において顧客の役に立つ活動をおろそかにしているのは、既存顧客よりも新規の顧客獲得を重視しているためです。新規の顧客獲得はそれ自体必要なことでありますが、既存顧客の離反を招いてまですることではありません。既存顧客を満足させることが、リピート取引・来店頻度の向上を通じて長期的な売上向上（生涯売上累計の増加）を実現することを忘れてはなりません。

・B-ⅱについて

目先の売上・収益を重視し、長期的な収益・顧客基盤の拡充をおろそかにしているのは、短期利益重視、短期利益至上主義であることが要因です。短期志向の経営と長期志向の経営で、どちらの方が、売

上・利益獲得累計額が多いかいえば、長期志向の経営であることが、米専門機関の調査データで証明されています。

　米国の専門機関（マッキンゼー・グローバル・インスティテュート）の調査報告書「Measuring the Economic Impact of Short-termism（短期主義の経済的影響の測定）」（2017年2月8日）によれば、米国に上場している大企業と中堅企業615社の2001年から2014年（以下、同期間）までの財務データを対象とした調査の結果、以下の結論が示されました。

✓長期志向の企業は、短期志向の企業より売上、利益、経済利益（EVA）、時価総額の全ての面において上回った。

✓売上高、利益、経済利益は、同期間における累積額で上回り、時価総額は、同期間における1社当たり時価総額の増加額で上回っている。

　累積売上は、長期志向企業の方が短期志向企業よりも47％高く、売上変動幅も小さい。また、累積利益も36％高く、経済利益（EVA）では長期志向企業の方が81％も高かった。さらに、投資動向では、長期志向企業の方が投資額が50％多く、雇用の面でも、長期志向企業の方が、1社平均の従業員増員数が、短期志向企業に比べて12,000人多かったという結果が示された。

　顧客との関係構築・絆を深める活動は、まさに長期視点での継続的な活動であり、長期志向の経営と言えます。

長期志向の経営の詳細については「第8章　持続可能経営」で説明します。

④　ニューノーマル下の経営

ニューノーマル下の会社運営

　ニューノーマル下の会社運営としては、特に、基本動作・基本業務の徹底と習慣化が重要です。

　ウイルス感染防止の観点からの基本動作の徹底は、以下の3点があげられます。

　・マスク、手洗い、3密回避

　また、仕事における基本動作の徹底は、以下の3点があげられます。

　・挨拶、報連相、時間厳守（規律の前提）

　基本業務の徹底は、特に以下の点が重要です。

　・3Sの徹底―整理・整頓・清掃

　　清掃は、清潔だけでなく安全衛生にもつながり（特に工場では）、これを毎日定時に続けることが、あらゆることの持続力につながります。清掃がまともに続かないのに、会社運営のPDCAサイクルが続くはずがありません。

健康経営

　上記のニューノーマル化の経営とも関連しますが、今まで以上に従業員の命と健康を守ること、従業員を大切にする健康経営の重要性が高まっています。

　経済産業省では、「健康経営優良法人認定制度」を創設し、従業員の健康管理を経営的な視点で考え、戦略的に取り組む法人が、社会的に評価されるよう環境整備を行っています。

　体の健康として全従業員に対する健康診断の実施確認やマスク・抗菌スプレー等衛生グッズの配布、心の健康として、ストレスチェックや面談に

よる支援、誕生日プレゼントなど、従業員の幸せを第一に考えることが重要です。また、部下のための時間を確保する「1on1」を心の健康維持に有効活用することも大切です。さらに昨今の状況においては、従業員の健康管理の一環として、新型コロナウィルスの定期検査等、環境変化に対応した施策を取り入れることも重要です。

　第1章で紹介した地域スーパーK社では、従業員とお客様の命を守るために、他社に先駆けていち早く、抗菌・除菌スプレー（※）を販売しました。

　店舗では専門家と連携し、感染防止対策の勉強会を開催するなど、食育活動だけでなく、健康維持活動も精力的に展開しています。

　　※抗菌ナノ粒子による抗ウイルス剤を県内でいち早く導入し、最初に、全従業員に配布している。

　これからの時代はより一層、働く従業員を大切にすること、その証として働きやすい環境作りに真摯に取り組んでいただきたいと思います。

【コラム】（商慣行に潜むリスク）

　2020年10月1日、日本株の売買インフラを担う東京証券取引所で大規模システム障害が発生したことは記憶に新しいことと思います。終日、全銘柄の取引が停止ししたことにより、3兆円規模の売買機会が失われました。

　システム障害に係る独立社外取締役による調査委員会が作成した調査報告書によると、障害の原因は、F社が作成した、NAS（Network Attached Storage）のマニュアル不備とのことでした。具体的には、システムを開発したF社が、米企業A社からOEM（相手先ブランドによる生産）供給を受けていたストレージの仕様が変更されていたにもかかわらず、マニュアルの記載が改訂されていなかったこととされています。

　なぜ、マニュアルの記載が捕捉できなかったかの原因として、F社における

仕様確認が十分でなかったこと、具体的には、テスト実績に関してＡ社とＦ社の連絡が十分ではないことに起因するものと考えられる、と記載されています。

　2020年以前にも２回システム障害が発生していましたが、その教訓が活かされることなく、三度、システム障害を起こした背景として指摘されるのは、特定のベンダーに仕様設計から開発、構築まで一括委託（丸投げ）する日本特有の商慣行があげられます。

　なぜ、Ａ社とＦ社の連絡が十分でなかったか。

　それは、ともすれば阿吽の呼吸で行う商慣行に潜むリスクが顕在したからではないでしょうか。特定のベンダーに委託し続けることも今後の検討課題になるでしょうが、問題は、自己責任を大前提して、委託した中身を絶えず客観的な視点・ゼロベースで抜かりなく点検を徹底する体制・風土が構築できていたかどうかということです。

　つまり、真の意味でオーナーシップを確立し発揮することが肝であり、さらに、違和感や懸念があれば何でも言い合い・指摘しあう社内の文化も重要と思います。

　改めて、これまでの商慣行や旧態依然として行ってきた業務に由来するリスクを第三者の視点で点検することが重要と考えます。

第 7 章　まとめ

本章のまとめは以下の点になります。

○不正の防止には、企業の価値観、価値観に基づいた経営目標、信用・信頼を形成する行動規範の重要性を認識すること

○従業員の満足度を向上させることがいかに重要であるかを再認識すること

○リスクテイクには、４つの環境整備が必要である、特に情報収集システムの整備と、リスクテイクを実行する従業員の意識と行動の変革が重要であること

○顧客との長期的な関係を構築することの重要性を認識すること

○長期視点の経営が業績数値の面からも重要であることを認識すること

○ニューノーマル下の経営においては、基本動作・基本業務の徹底と習慣化が重要であり、従業員の命と健康を守る健康経営を実践していくことが大切であること

第8章

持続可能経営

本書の最後の章として、持続可能性と持続的成長を目指す経営（以下、持続可能経営）についてお話しします。

まず、前提として、パブリックカンパニー（＊）の置かれた環境・課題を改めて整理しておきます。

　（＊）本章において、パブリックカンパニーとは、主に上場企業を想定していますが、上場企業だけではなく、企業を社会的公器として認識し、その本質的使命を「企業を永続させること（ゴーイング・コンサーン）」にあると捉えている企業の総称を、パブリックカンパニーと表します。

端的に要約すると、パブリックカンパニーは、国際社会では持続可能な企業経営が基本責務であるとともに、持続的成長・中長期的な企業価値の向上が、経営上の本質的な重要課題であるということです。

パブリックカンパニーにおける本質的な重要課題
:持続可能性·持続的成長

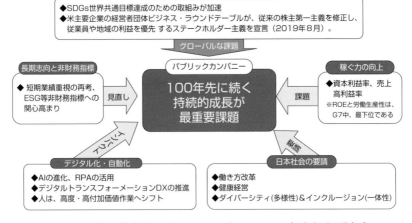

本書では、持続可能経営のキーワードとして３つを取り上げます。

「SDGs」「ESG」「ステークホルダー主義」です。

SDGsは、全世界の一員、社会の構成員として全世界共通の目標に取り組むことです。

　ESG は、株主利益（経済価値）だけでなく、環境・社会・ガバナンスの課題に適切に配慮・対応し持続可能な社会の実現に貢献する企業評価の手段です。ESG に取り組む企業は中長期的な企業価値を実現することができるという考えが根底にあります。

　ステークホルダー主義は、株主第一主義から脱却し、顧客、従業員、取引先、地域社会等の全ステークホルダーを重視する経営です。

　持続可能経営は、以上の３つの経営テーマを実践することにより、持続的成長を果たし中長期的な企業価値の向上を目指す経営をいいます。

　３つの経営テーマは同質であり、相互に密接に関連しています。

　SDGs と、ESG の環境 E と社会 S は、ほぼ同じ項目・範囲と言えます。ガバナンス G は、その環境問題 E と社会問題 S に真摯に取り組むための企業統治の仕組みです。

　ガバナンスは企業統治の仕組みであるとともに、誰が会社を統治するか、言い換えれば、会社は誰のものかという問いが根底にあります。そしてステークホルダー主義は、株主第一主義ではなく「会社はみんなもの」と位置づける思想ですので、ESG におけるガバナンスと表裏一体の関係にあると言えます。

　つまり、ステークホルダー主義に基づくガバナンスが効いているからこそ、真摯に環境と社会問題に取り組み、最終的には持続的成長と中長期的な企業価値の向上を実現することができるという解釈です。

　本来、ESG は評価されるからという理由からでなく企業の社会的責任・経たすべき使命として、経営目標に設定すべきものです。そして、全世界共通目標である SDGs も、積極的に経営目標に組み込むべきものであり、またそれが可能なのは、SDGs が社会問題や環境問題への対応だけではなく、生産性やイノベーション、さらにはガバナンスの思想も取り入れているからです。

　詳細は後述します。

　これらの全体像を図で示すと次のようになります。

持続可能経営　全体像

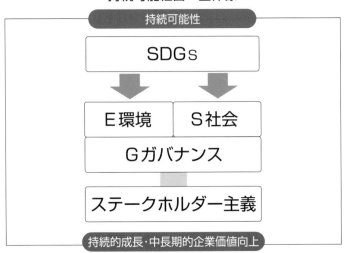

①　SDGs（17のゴールと169のターゲット）

　SDGs とは、Sustainable Development Goals の略称で、持続可能な開発目標です。

　一言で言えば、未来に向かって持続できる社会（誰一人として取り残さない社会）を目指すための全世界共通の目標です。

　つまり、全世界の人々が困らない社会・世の中を作るため、21世紀の世界が抱える課題を世界中の人々が協力して解決していこうという2030年までの達成目標です。

　ポイントは以下の3点です。

・持続可能性「将来世代のニーズを損なうことなく、今の世代のニーズを満たすこと」
　（今のニーズと将来のニーズを上手く調整し両立させること）
・今だけよければいいのは NG、将来をみんなでよくする責任があるという認識をもつこと
・そして、すべての企業、すべての個人が取り組むべきもの

　SDGs の中身は、17のゴール（目的・目標）と169のターゲット（具体的な達成目標＝KPI）により構成されています。

　まず、17のゴール（目標）を確認しましょう。

・目標1．貧困をなくそう
・目標2．飢餓をゼロに
・目標3．すべての人に健康と福祉を
・目標4．質の高い教育をみんなに
・目標5．ジェンダー平等を実現しよう
・目標6．安全な水とトイレを世界中に

・目標 7．エネルギーをみんなにそしてクリーンに
・目標 8．働きがいも経済成長も
・目標 9．産業と技術革新の基盤をつくろう
・目標10．人や国の不平等をなくそう
・目標11．住み続けられるまちづくりを
・目標12．つくる責任　つかう責任
・目標13．気候変動に具体的な対策を
・目標14．海の豊かさを守ろう
・目標15．陸の豊かさも守ろう
・目標16．平和と公正をすべての人に
・目標17．パートナーシップで目標を達成しよう

　冒頭で、イノベーションや生産性、さらにガバナンスの思想も含まれていると記載しましたが、該当するゴールとターゲットを示します。

（生産性）
・目標 8．働きがいも経済成長も
　　すべての人のための持続的、包摂的かつ持続可能な経済成長、生産的な完全雇用および働きがいのある人間らしい仕事を推進する。
・ターゲット8.2
　　高付加価値セクターや労働集約型セクターに重点を置くことなどにより、多様化、技術向上及びイノベーションを通じた高いレベルの経済生産性を達成する。

（イノベーション）
・目標 9．産業と技術革新の基盤をつくろう
　　強靱なインフラを整備し、包摂的で持続可能な産業化を推進するとともに、技術革新の拡大を図る。

・ターゲット9.5

　　2030年までにイノベーションを促進させることや100万人当たりの研究開発従事者を大幅に増加させ、また官民研究開発の支出を拡大させるなど、開発途上国をはじめとする全ての国々の産業セクターにおける科学研究を促進し、技術能力を向上させる。

（ガバナンスの思想）

・目標10.　人や国の不平等をなくそう

　　国内および国家間の格差を是正する。

・ターゲット10.7

　　<u>計画に基づき良く管理された移民政策の実施などを通じて、秩序のとれた、安全で規則的かつ責任ある移住や流動性を促進する。</u>

・目標16.　平和と公正をすべての人に

　　持続可能な開発に向けて平和で包摂的な社会を推進し、すべての人に司法へのアクセスを提供するとともに、<u>あらゆるレベルにおいて効果的で責任ある包摂的な制度を構築</u>する。

・ターゲット16.6

　　<u>あらゆるレベルにおいて、有効で説明責任のある透明性の高い公共機関を発展</u>させる。

・ターゲット16.7

　　<u>あらゆるレベルにおいて、対応的、包摂的、参加型及び代表的な意思決定を確保</u>する。

　ここでSDGsを身近に感じるために、具体的事例を2つ紹介します。

例1）海の豊かさを守るため、マグロの乱獲をNGとし、将来にも残していけるよう漁獲量を調整したり、養殖にも積極的に取り組んでいることがあげられます。

　　これは以下の目標とターゲットに対応する取組事例です。

・SDGs目標14. 海の豊かさを守ろう

　海洋と海洋資源を持続可能な開発に向けて保存し、持続可能な形で利用する

・ターゲット14.4

　（中略）2020年までに、漁獲を効果的に規制し、過剰漁業や違法・無報告・無規制（IUU）漁業及び破壊的な漁業観光を終了し、科学的な管理計画を実施する。

例2）レジ袋が2020年7月1日から有料になりましたが、背景には、海洋プラスチックごみ問題の解決や、廃棄物削減・化石燃料使用の抑制による地球温暖化の防止などがあります。最近では使い捨てマスクの投棄という新たな問題も生じています。海洋プラスチックごみ問題では、プラゴミを海に捨てず、海を綺麗にし魚が住めるようにすること、そして魚を安心して食べれるようにすることです。

　つまり、プラゴミを出さない仕組みを政治が作り、個人はゴミをむやみに捨てないという当たり前のルール・マナーを守ることを求めたものです。

　これは、以下の目標とターゲットに対応する取組事例です。

・SDGs目標12. つくる責任　つかう責任

　持続可能な消費と生産のパターンを確保する。

・ターゲット12.5

　2030年までに、廃棄物の発生防止、削減、再生利用及び再利用により、廃棄物の発生を大幅に削減する。

・目標14. 海の豊かさを守ろう

　海洋と海洋資源を持続可能な開発に向けて保存し、持続可能な形で利用する。

・ターゲット14.1

　2025年までに、海洋ゴミや富栄養化を含む、特に陸上活動によ

る汚染など、あらゆる種類の海洋汚染を防止し、大幅に削減する。

　次に、企業の事例を紹介します。

Ｐ＆Ｇの事例

　例）Ｐ＆Ｇの取組みの一例
　　　目標３．すべての人に健康と福祉を
　　　ターゲット3.2
　　　　　すべての国が新生児死亡率を少なくとも出生1,000件中12件以
　　　下まで減らし、５歳以下死亡率を少なくとも出生1,000件中25件
　　　以下まで減らすことを目指し、2030年までに、新生児及び５歳未
　　　満児の予防可能な死亡を根絶する。

　　　上記に対応するＰ＆Ｇの取組み（BUSINESS FOR 2030より）
　「パンパースブランドは、赤ちゃんの幸せで健康な成長への取組みの一
環として、パンパースモバイルクリニックプログラム を立上げ、母親と
自分の赤ちゃんに無料で基本的な健康診断、健康講演や製品を提供します。
ナイジェリア、ケニア、ウガンダ、パキスタンでは、10年以上の活動で
200万人近くの母親と子供たちに手を差し伸べています。また、パンパー
スユニセフワクチンプログラムでは、毎年発展途上国で58,000人の赤ちゃ
んの命を奪う予防可能な病気である新生児破傷風（MNT）の撲滅への取
り組みを続けています。このパートナーシップを通じて、パンパースは24
か国で母体および新生児破傷風の撲滅を支援してきました。2019年３月、
もう１つの国であるチャドがこの病気を撲滅しました。これらの努力によ
り、2006年以来推定88万人の新生児の命が救われ、３億個以上のワクチン
がMNTを排除しました。」

　このように、SDGsは、ミッション・責務であるとともに、ビジネス

チャンスでもあります。世界の問題を解決するために協力し合おうという お互い様の精神に基づく商いです。これは、三方よしの考え方に相通じる ところがあります。三方よしの一番目は、世間よし（社会よし）です。世 の中がよくなるため、我が社が助けることができる人々（我が社の顧客） に、我が社の製品・サービスを提供しよう。またその製品・サービスを実 現するために必要な仕入先も大切にしよう（お互い WinWin で付き合お う）というものです。

② **ESG**

　ESG とは、Environmental（環境）、Social（社会）、Governance（企業統治：ガバナンス）のことです。

　ESG は、環境、社会、ガバナンスの課題解決に取り組む企業を評価することにより、持続可能な社会の実現に貢献することを目的としています。さらに ESG に取り組んでいる企業は、経営の持続的な成長が見込めるとして、投資パフォーマンス向上にもつながると考えられています。

　ここでは、SDGs との関連でみていきます。

　環境問題 E は、SDGs の中で多くの目標項目（7 項目）が設定されています。

- ・目標 6．安全な水とトイレを世界中に
- ・目標 7．エネルギーをみんなにそしてクリーンに
- ・目標11．住み続けられるまちづくりを
- ・目標12．つくる責任　つかう責任
- ・目標13．気候変動に具体的な対策を
- ・目標14．海の豊かさを守ろう
- ・目標15．陸の豊かさも守ろう

　社会問題 S も、SDGs の中で多くの目標項目（10項目）が設定されています。

- ・目標 1．貧困をなくそう
- ・目標 2．飢餓をゼロに
- ・目標 3．すべての人に健康と福祉を
- ・目標 4．質の高い教育をみんなに
- ・目標 5．ジェンダー平等を実現しよう
- ・目標 6．安全な水とトイレを世界中に

・目標８．働きがいも経済成長も
・目標10. 人や国の不平等をなくそう
・目標11. 住み続けられるまちづくりを
・目標16. 平和と公正をすべての人に

特に目標３の健康面については、現代社会の課題として重要性が高まっています。

具体的には、以下の点があげられます。

・職場における感染リスクの低減のための従業員のサポート体制
・上記の一環としてテレワークやリモートワークの導入等の仕事環境の整備

ガバナンスＧもSDGsの中で目標項目（２項目）が設定されています。

・目標10. 人や国の不平等をなくそう
・目標16. 平和と公正をすべての人に

ガバナンス、一言で言えば「企業統治の仕組み」であり、健全なビジネス基盤とも言えます。ガバナンスが効いている会社は、社会問題や環境問題にも積極的に取り組めると考えられます。

社会問題や環境問題への積極的な取り組み事例の１つとして、ESG債の発行があげられます。ESG債とは、社会貢献事業や環境事業に資金使途を絞った債券で、最近では、大手自動車メーカーが、未来都市（スマートシティ）の建設や電気自動車（EV）等の開発・製造資金として調達しています。ESGへの取組みが、企業の持続的成長にどのようにつながっているかについては、④の持続成長バリューマップで説明します。

③　ステークホルダー主義
（株主第一主義からの転換）

　2019年8月に米企業の規範だった「株主第一主義」の見直しが行われました。米主要企業の経営者団体ビジネス・ラウンドテーブルが、企業の目的に関する声明として、「企業は主に株主のために存在するという従来の株主第一主義を修正し、従業員や地域社会の利益を尊重したステークホルダー主義の経営に取り組む。すべての米国人の利益を追求する」との声明を出したのです。この声明には、同団体の会長会社であるJPモルガン、アマゾン・ドット・コム、ゼネラル・モーターズなどトップ企業のCEO181人が名を連ねています。JPモルガンの会長兼CEO（ビジネス・ラウンドテーブル会長）は、「労働者や地域社会に投資することが、長期的に成功する唯一の方法である」とコメントし、ジョンソン・エンド・ジョンソンの会長兼CEO（ビジネス・ラウンドテーブル・コーポレート・ガバナンス委員会委員長）は、「CEOが本当にすべてのステークホルダーのニーズを満たすことに真にコミットしている場合、企業が社会を改善するという本質的な役割を果たすことができる」と付け加えています。

　なお、我が国には、もともと、近江商人由来の「三方よし」（売り手よし・買い手よし・世間よし）の哲学が連綿と受け継がれてきており、ステークホルダー主義が新たな概念として入ってきたという認識にはならないでしょう。むしろ、特に株主利益が求められる上場企業にとっては、ステークホルダー主義は本質的に三方よしと同じであるという位置づけを改めて認識する機会と捉えるのがよいかと思います。

　声明文には、「私たちはすべてのステークホルダーに対して基本的なコミットメントを共有しています。私たちは以下の行為にコミットします。」とし、5つのステークホルダーへの約束を説明しています。

各内容を以下に示します。

括弧書きは、三方よしとの関係性を示しています。

全利害関係者へのコミットメント

ステークホルダー	内　容
1．顧客 （買い手よし）	お客様に価値を提供します。私たちは、顧客の期待を満たすか、または超える方法をリードするアメリカ企業の伝統をさらに進めます。
2．従業員 （売り手よし）	従業員への投資。これは、それらを公正に補償し、重要な利点を提供することから始まります．また、急速に変化する世界のための新しいスキルを開発するのに役立つトレーニングや教育を通じてそれらをサポートすることが含まれています。多様性と一体性、尊厳と尊敬を促進します。
3．取引先 （売り手よし）	当社のサプライヤーと公正かつ倫理的に対処する。私たちは、私たちの使命を達成するのに役立つ大小の他の企業の良いパートナーとして働くことを捧げています。
4．地域社会 （世間よし）	私たちが働くコミュニティを支援する。私たちは、地域社会の人々を尊重し、事業全体で持続可能な慣行を受け入れることで環境を保護します。
5．株主	企業が投資、成長、革新を可能にする資本を提供する株主に長期的な価値を生み出す。株主との透明性と効果的な取り組みを行います。

結びとして、「ステークホルダーは一人一人欠かせません。私たちは、企業、地域社会、そして我が国の将来の成功のために、それらすべてに価値を提供することを約束します。」と表明されています。

ちなみに、このステークホルダーへのコミットメント、同様の趣旨の宣言を思い浮かべた方もいらっしゃるかと思います。

ジョンソン・エンド・ジョンソンの我が信条です。

我が信条（Our Credo）

当社は、「痛みと病気を軽くするために」存在している。

我々の第一の責任は、我々の製品およびサービスを使用してくれる医師、看護婦、患者、そして母親、父親をはじめとする、すべての顧客に対するものであると確信する

我々の第二の責任は全社員——世界中で共に働く全社員に対するものである。

我々の第三の責任は、我々が生活し、働いている地域社会、更には全世界の共同社会に対するものである。

我々の第四の、そして最後の責任は、会社の株主に対するものである。

なお、ビジネス・ラウンドテーブル声明文においては、利害関係者への約束の3番目に、取引先へのコミットメントが記されています。この取引先に関して、ジョンソン・エンド・ジョンソンの我が信条では、第一の責任であるすべての顧客の中の1つとして記載されています。「我々のビジネスパートナーには、適正な利益をあげる機会を提供しなければならない」

この我が信条は、1943年のニューヨーク証券取引市場での株式公開の際に、三代目社長ロバート・ウッド・ジョンソンJrによって起草されました。そして、同氏は1943年に我が信条を初めて取締役会で発表したときには、「この文章の中に書かれている考え方が会社の経営理念である。」と説明したのに続けて、「これに賛同できない人は他社で働いてくれて構わない。」と断言しています。株式公開企業になるのだから、株主を最後にするのはおかしいという指摘に対しては、「顧客第一で考え行動し、残りの責任をこの順序通り果たしてゆけば、株主への責任は自ずと果たせるというのが、正しいビジネス論理なのだ。」と切り返しています。

この考えは、第四の株主に対する責任の全文に表れています。

「我々の第四の、そして最後の責任は、会社の株主に対するものである。事業は健全な利益を生まなければならない。我々は新しい考えを試みなければならない。研究開発は継続され、革新的な企画は開発され、失敗は償わなければならない。

新しい設備を購入し、新しい施設を整備し、新しい製品を市場に導入しなければならない。逆境の時に備えて蓄積を行なわなければならない。これらすべての原則が実行されてはじめて、株主は正当な報酬を享受することができるものと確信する。」

ところで、ビジネス・ラウンドテーブルの声明文（行動原則）、ジョンソン・エンド・ジョンソンの我が信条いずれにおいても、SDGsの精神が反映されていることがわかります。

ビジネス・ラウンドテーブルの行動原則においては、4番目の地域社会に対するコミットメントで、"事業全体で持続可能な慣行を受け入れる"と記載され、ジョンソン・エンド・ジョンソンの我が信条第三の責任として、"更には全世界の共同社会に対するものである"としています。第三の責任の全文の中には、以下のような約束が記載されています。

「世界中のより多くの場所で、ヘルスケアを身近で充実にしたものにし、人びとがより健康でいられるよう支援しなければならない。我々は良き市民として、有益な社会事業および福祉に貢献し、健康の増進、教育の改善に寄与し、適切な租税を負担しなければならない。」

我が信条は、1943年に起草されたものですが、すでにSDGsの精神が反映されていることがわかります。全世界の共同社会に責任を持ち、世界中の人々の健康を支援していることは、持続可能な開発目標に合致するとともに、結果として、ジョンソン・エンド・ジョンソンの持続的成長（株主の利益※）に寄与しています。

※2020年度まで58年連続で増配を実施しています。

　未上場の成長企業「ユニコーン」の代表格であった民泊大手の米エアビーアンドビーは、2020年1月「ステークホルダー主義」を宣言し、上場前から「脱・株主第一主義」を宣言している企業の IPO に市場はどんな判断を下すのか注目されましたが、当初予定よりも高い公開価格が設定され、2020年12月10日に時価総額約406億ドル（約4兆2,600億円）でナスダック市場に上場しました（時価総額は一時10兆円超え）。

　同社は「従業員を大切にすることはもちろん、宿泊先を提供するホスト、そこに宿泊するゲスト、事業を展開するコミュニティに配慮する必要がある。」「あらゆる利害関係者に奉仕するステークホルダー主義を貫くことが同社の長期的な成功につながると考え、短、中期的に株価に悪影響を与える決断をすることもある」と明言しています。そこには、ビジネス・ラウンドテーブルの行動原則を踏襲・実践する経営スタンスが伺えます。

　ちなみに、バイデン米大統領も、貧富の格差と社会の分断を生んだ株主第一主義を問題視し、「公平な経済」「中低所得層の賃上げ」を掲げています。

④ 持続的成長と中長期的な 企業価値向上

　持続可能経営は、財務的な視点で言えば最終的には、持続的成長と中長期的な企業価値向上を目指すものです。そこで、本書では、中長期的な企業価値向上に資する指標をとりまとめた持続成長バリューマップを提案します。

　バリューマップの構成は、大分類として、本質価値と経済価値に分けています。

　本質価値については、顧客価値と社会価値にテーマ分けしています。

　経済価値については収益力の視点と成長力の視点でテーマ分けしてます。

　以上により、4つの軸（4つテーマ）により構成しています。

＜本質価値＞
・顧客価値：顧客価値を向上させる一連の指標（独自性や従業員満足を含む）
・社会価値：主に ESG の評価指標（SDGs の目標・ターゲットを含む）
＜経済価値＞
・収益力の視点：主に収益力（競争力、競争優位）の指標
・成長力の視点：主に成長力の指標（長期視点の投資とリターン）

　持続成長バリューマップのイメージを図で示します。

持続成長バリューマップ

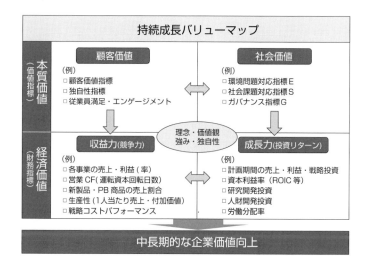

　バリューマップの中心には、企業経営の根幹である理念（使命感やビジョン）・価値観（企業文化を含む）を据えています。そして、本質価値、経済価値のいずれの価値を生み出す根源である強み・独自性をについても中心に据えています。

　4つのテーマの各項目は例ですが、これらの項目を設定した理由は、国内外の持続的成長企業の特長・共通点を集約したものだからです。

　例えば、国内で上場・非上場を問わず、持続成長企業の代表格である伊那食品工業。

　理念経営・年輪経営で知られる同社は、研究開発人員を全社員の1割確保し、短期ではなく将来を見据えた経営、少しずつでも着実に成長していける年輪経営を行っています。

　この結果として、前人未到の48年連続増収増益を実現しています。

　海外企業では、前述のジョンソン・エンド・ジョンソン（理念経営）をはじめ、Amazon、Apple、IKEA 等にみられる、顧客価値にとことん

フォーカスした独自経営、15％カルチャー（*1）で有名な3M の企業文化を中心に据えたえ経営、未来ビジョン逆算経営（*2）の長寿企業デュポン等、多くの持続成長企業の事例を参考にしています。これらの企業はいずれもキャッシュフロー経営を重視し、それがゆえに研究開発投資を高水準で継続し、イノベーションを実現しています。この結果、新製品・サービスの売上比率の向上を KPI として重視しています。

(*1) 社員は労働時間の15％を自分の好きな研究や開発に費やすことができる

(*2) 未来ビジョン実現のためなら稼ぎ頭の中核事業さえも売却し、未来ビジョンの実現に必要な事業に戦略投資をする経営

各テーマの特徴、相互関連性を以下に示します。

顧客価値

顧客に価値が提供できてはじめて売上・利益がもたらされるという意味で、企業経営における本質的な価値を表します。

・顧客価値指標

顧客にとっての価値をいかに実現してるいるかを示す指標です。

具体的な例としては、顧客満足度や、客数・会員数、購買頻度・1回当たりの購入点数などです。これらの項目が高いということは、顧客に高い価値を提供している証です。そして、顧客価値が高いと、収益力の売上・利益（率）の向上にもつながります。

また、顧客価値は、社会価値にもつながっています。第1章で紹介した食品スーパーK 社の「地域のお宝発見」はお宝商品を顧客に販売することにより顧客価値を高め、地域の生産者を支援するという意味で社会価値も高めています。さらに SDGs の事例で紹介した P ＆ G は、パンパースブランドの一環で様々な支援プログラムを立ち上げ、新生児をはじめすべての人の健康と福祉に貢献することで社会価値を

高めています。

・独自性指標

いかに独自性を実現しているかを表す指標です。

例えば、新製品・PB 商品の開発数や、ユニークでコストパフォーマンスが高い会員システムによる会員継続率等があげられます。これらの項目が高いと、収益力（競争力）の売上・利益（率）の向上につながります。

特に、新製品・PB 商品の開発販売は顧客価値を高めるとともに、経済価値の向上につながります。具体的には、新製品・PB 商品の開発数は、収益力（競争力）の新製品・PB 商品の売上割合の向上につながります。

・従業員満足・エンゲージメントの指標

従業員満足度やエンゲージメント（熱意や貢献意欲）の高さは、顧客満足の大前提であり顧客満足度に直結します。顧客満足を実現するのは従業員です。その従業員が満足していなければ・エンゲージメントが高くなければ、顧客を満足させることはできないからです。従業員満足やエンゲージメントの度合いは定期的な社内アンケートにより把握することができますが、それを高めるには人事制度の改善やメッセージの効果的な発信だけでなく、経営者・管理者による直接のコミュニケーションの頻度や密度が極めて重要です。

また、自己実現や創造性を発揮することで高まる従業員満足は、独自性の実現（独自性指標）、さらには新製品の開発（新製品の売上割合）につながります。

そして、従業員満足やエンゲージメントの高さは、生産性を向上させることも改めて認識しておく必要があります。

以上、顧客価値は、基本的に収益力（競争力）の向上に貢献しますが、顧客価値や独自性の発揮により、成長力（中長期的な売上・利益）にも寄

与します。

収益力（競争力）

収益力（独自性・顧客価値に基づく競争優位）の指標です。

・各事業の売上・利益（率）

利益（率）は、粗利益（率）、営業利益（率）等で、収益力の代表的な項目と言えます。

・新製品・PB 商品の売上割合

新製品・PB 商品は、価格競争に巻き込まれないため、競争力が高く、収益力も向上します。

・営業 CF（運転資本回転日数※）

キャッシュ・フロー（CF）を稼ぐ力です。この力が大きいと迅速に戦略的なコストや投資に資金を投入できるため、収益力も向上します。また、運転資本回転日数を短縮（改善）すれば、営業 CF も向上します。

・生産性（1人当たり売上・1人当たり付加価値 *）

＊付加価値：粗利益、限界利益等

生産性が高いと、より少ない人員で売上を稼ぐことができるため、収益力が高いと言えます。また製品単位当たりの固定費（人件費等）を低く抑えられるので、価格競争力も向上します。

・戦略コストパフォーマンス

戦略的なコストを投じて得られる成果（収益）が高いと収益力は向上します。

本書でたびたび紹介している Apple の事例を紹介します。

例）Apple の iMac 発売

1億ドルを超える大規模マーケティングキャンペーンが展開され、178,000円（当時）という低価格が広く受け入れられたため、1998年8月15日発売から4ヶ月で80万台（売上1,424億円）というヒット商

品となりました。

　それまで経営危機が囁かれていたアップルの復活を強く印象づけました。

※運転資本回転日数

　第4章⑥で説明しましたが、改めて記載します。

　別名、キャッシュ・コンバージョン・サイクル（CCC）と言います。

　材料の調達（商品の仕入）から、現金回収にかかる日数のことを言い、キャッシュ化速度とも言われます。

　この日数が小さいほど、企業の現金回収サイクルが早いことを意味します。

　CCCの改善は、キャッシュを早期に生み出し、当期におけるキャッシュフローの獲得額が増えるため、次なる投資を効果的に進めることができます。

　運転資本回転日数＝①売上債権の回転日数＋②棚卸資産（在庫）の回転日数－③仕入債務の回転日数

　上述のAppleの場合、2020年9月決算のCCCがマイナス15日と計算されます。

　（①21.4日＋②8.7日－③45.2日＝△15.1日）

　CCCがマイナスということは、製造する前（材料代の支払前）には代金の回収を終えていることになります。代金の回収が早ければ早いほど研究開発にその資金が投入できることになり、製品の開発スピードを高めることにつながっています。

　Appleの場合は、仕入債務の回転日数に比べて、売上債権の回転日数と在庫の回転日数がかなり小さいことがCCCのマイナスを実現しています。売上債権の回転日数が小さいのは、圧倒的な商品力を武器に通信会社等と販売代金を前受金で受け取る契約を結んでいることがあげられ、在庫の回転日数が小さいのは、商品を絞り込み在庫管理の最適化（販売情報を常時把握し、在庫を最小限に維持していること）を実現していることがあげられます。なお、CCCの算定にあたっては、売掛金と前受金の相殺、買掛金と未収入金（有償支給）の相殺を行っています。

　ちなみに、米国上場企業の電気業のCCCの平均は、99日という調査

報告が出ています（2018年3月帝国データバンクの調査報告書より計算）。

社会価値

ESG や SDGs をベースにした社会的価値の指標です。

ESG の順番で説明していきます。

・環境問題対応指標 E

✓ 日本政府は2050年までに温室効果ガスの排出量を実質ゼロとする目標を示し、脱炭素社会を実現するとの国際公約を宣言しました。積極的な温暖化対策は経済の変革、成長にもつながるとして、経済と環境の好循環を成長戦略の柱に掲げ、「グリーン社会」の実現を目指すとしています。このような背景もあり、化石燃料に関する項目は、投資の評価対象から除外されるケースが増えてきています。

該当する SDGs 目標 7．エネルギーをみんなに そしてクリーンに

（指標の例）温室効果ガスの排出量削減目標

✓ 気候変動やサプライチェーンは本業にも大きな影響を与えることから、これまで以上に注目されてきています。特に日本では地震、台風、大雨等による自然災害がもたらす影響が大きく、従業員の安全・健康はもとより、サプライチェーンの継続も大きな懸念事項です。したがって、BCP（事業継続計画）の策定・運用などの具体的な対策が重視されています。

該当する SDGs 目標13．気候変動に具体的な対策を

（指標の例）BCP の導入・改善（有効性検証による定期的見直し）

・社会課題対応指標 S

✓ 社会課題への対応については、本業と関連づけて対応することが重要です。

先に紹介しました P & G の取組みは、まさしく本業の一環として行っている社会課題への対応です。

社会的課題の解決にあたっては、イノベーションの検討も合わせ

て行うことが有効です。新製品や新サービスを開発して社会的課題を解決できれば、持続的な成長に寄与します。このようなイノベーションは、ソーシャル・イノベーション（社会イノベーション）と言われ、各企業で様々な取組みが行われています。

　また、ウイルス感染予防対策として、テレワーク（リモートワーク）の活用が推進される中、本社を地方に移すケースが増え、地方活性化、地域雇用促進につなげている事例もあります。

（指標の例）社会的課題を解決する新規事業、新製品や新サービス等の開発（件数）

・ガバナンス指標 G

　✓本章では、ガバナンスの指標は、多様性にフォーカスしています。信用・信頼維持のための守りの指標（不正・不祥事ゼロを目指す、不具合・事故を極力なくす等）については、7 章三大リスク管理の項で記載していますので、ここでは省略します。

　　多様性については例えば、女性、外国人、パートナー（パート・アルバイト）等の活用（割合）は組織を活性化し、顧客満足、さらにはイノベーションにもつながります。

　　取締役における社外取締役の登用（割合）は、会社の機関設計として注目されており、その客観性・独立性・専門性の発揮により、意思決定の合理性が高まることが期待されます。また、過去の成功体験・慣習を断ち切り、環境変化に即応することにも寄与します。

　以上、社会価値は、基本的に長期的・持続的な成長力に貢献しますが、収益力にも寄与します。例えば、客観的見地により意思決定された「事業の選択と集中」により、資本利益率の他、該当事業の利益率の向上にも寄与します。

成長力（投資リターン）

中長期視点の投資リターンに基づく成長力の指標です。

・計画期間の売上・利益・戦略投資

　中長期的な成長力を示すには、計画最終年度の業績だけではなく、中長期経営計画期間累計の売上・利益の額が重要であり、また計画期間を通してどの位の戦略投資を行うかもポイントです。戦略投資は、戦略的な設備投資やIT投資（基幹システムやデジタルトランスフォーメーションDX等）の他、脱炭素等の社会的課題解決のための投資も含まれ、中長期的な売上・利益に寄与します。

・資本利益率（ROIC等）

　投下資本に対する利益が高いということは、資本効率（投資効率）が高いと言えます。

　長期的な推移の中で、一定の資本利益率を維持し少しでも向上させていることが重要です。そのためには上記の戦略投資のほか毎期一定水準の研究開発投資（下記参照）がポイントです。

・研究開発投資（費用・時間・人員・長期割合）

　会計上は研究開発費ですが、本書では投資と位置づけます。毎期一定水準の研究開発費を投じることが長期的な成長力には不可欠です。短期的な業績確保のために額を削減するようなことは望ましくありません。毎期一定水準を維持する「天引投資」という位置づけが重要です。投資の尺度は金額や対売上比率だけでなく、開発時間や開発人員数の割合もあります（※）。

　さらに、将来の革新的な新製品開発等を実現するには息の長い地道な研究開発が必要であるため、投資額等にしめる長期の研究開発割合も重要な指標になります。

　この研究開発投資は、＜収益力（競争力）＞の新製品の売上割合や独自性指標につながっています。

※この点については、SDGs のターゲットにも記載されています。
　ターゲット9.5
「～100万人当たりの研究開発従事者を大幅に増加させ、また官民研究開発の支出を拡大させる～」

・人財開発投資（金額・時間）

　ステークホルダー主義のもと、従業員への投資が重視されているように、事業を営み収益をあげるのは人、戦略的な投資や研究開発を行うのも人です。いかに人財を開発するか（能力を高め成長を支援するか）が極めて重要です。

　人財開発投資は、教育研修・育成と人財採用のための投資です。

　研究開発投資と同じく、費用とは言わず投資と認識し、毎期一定水準を維持する天引投資と位置づけます。

　投資指標の尺度としては、金額や対売上比率だけでなく、人財開発に投じた時間もあります。そして、人財開発投資は、＜収益力（競争力）＞の生産性の向上につながっています。

・労働分配率（※）

　従業員への投資は、人財開発投資だけではありまあせん。労働の対価である人件費そのものの水準（労働分配率）についても絶えず念頭において検討しておくことが大切です。

※労働分配率：付加価値（*1）に対する人件費の比率

　労働分配率の水準を検討するにあたっては、企業のポリシーが大前提ですが、いくつか相関関係のある検討事項をおさえておく必要があります。

（検討事項の例）
　a．従業員の社会生活水準
　b．従業員のモチベーション
　c．同一労働同一賃金等の社会性
　d．DX による自動化・省人化投資の今後の計画

　2点ほど補足をしますと、a、b（賃金水準）については、業界や企業規模ごとの平均水準をふまえておく必要があること、dについては、DX

（デジタルトランスフォーメーション）の加速により、自動化・省人化投資（設備や IT 投資）が推進されると、雇用に影響を与えるという点で、労働分配率と相関関係が生じてきます。また働き方改革への取組みも継続されている中で、自社にとって労働分配率・人件費の最適な水準を検討することは難しい課題と言えます。

人件費の簡便的な方程式：従業員数×労働時間×労働単価

と考えると、各項目において、以下のような影響を受けています。

　　従業員数⇒上記 d の影響を受ける

　　労働単価⇒上記 a、b、c の影響を受ける

　　労働時間⇒働き方改革や生産性向上（上記 d を含む）の影響を受ける

　特に、d の影響を受ける従業員数については、DX による自動化・省人化投資により、雇用が減少する可能性がありますので、社会的責任（ステークホルダー主義や ESG）の観点からは、雇用維持に配慮した新たな事業戦略（新規事業や新製品の開発等）が重要となります。

　以上から、労働分配率を重要な経営課題と位置づけ真摯に検討すること（財務や人事だけでなく事業部門を加えた全社的な検討）が必要であり、「我が社はこのような方向性で、このような水準＜目標レンジ（*2）＞を維持していく」というポリシーを設定しておくことが重要と考えます。

　利益率（生産性向上）や株主への分配の議論を優先させ、労働分配率は切り離して二の次というようなことがあってはなりません。

　　（*1）付加価値：売上マイナス仕入等外部購入費用（簡便的に、限界利益や売上総利益を用いる場合もある）。企業が事業の成果として新たに生み出した価値。

　　（*2）雇用・賃金水準の維持と、生産性向上・働き方改革（労働時間短縮）という双方向の影響を受けるという点で、レンジによる目標の設定が望ましい。

　改めて、人財という視点で捉えると、4 つのテーマそれぞれに "人" の項目が入っていることが確認できます。

　　＜顧客価値＞⇒従業員満足・エンゲージメント

　　　＜社会価値＞⇒多様性指標（ガバナンス）

　　　＜収益力（競争力）＞⇒生産性（1人当たり売上・付加価値）

　　　＜成長力（投資リターン）＞⇒人財開発投資

　　まさに"企業は人なり"です。

　　企業という漢字から人がなくなれば、事業は止まります。

　　人が、事業持続の要です。

　　以上、持続成長バリューマップの4つのテーマは相互に関連し影響し合いながら、最終的には中長期的な企業価値の向上を実現することができます。

　　つまり、顧客価値や社会価値は本質的な意味で、中長期的な企業価値の向上につながります。

　　そして、経済価値の視点では、フリー・キャッシュ・フロー（営業CFマイナス投資）や資本利益率（ROIC等）が中長期的な企業価値の向上（長期的な株価の形成）につながります。

　　本バリューマップは、持続成長のための1つの型を示しています。

　　読者企業の皆様には、これを参考・たたき台として、自社のポリシーやビジネスにもとづきブラッシュアップしていただければ幸いです。

【コラム】（従業員の幸せ追求から持続的成長へ）

　　一口に持続成長といっても、成長の幅やスピードは、会社の考え方・価値観によって異なります。ある期間（第●次中期経営計画）でダイナミックな成長を遂げようとする会社もあれば、基本的スタンスとして、オーガニックな成長・緩やかな成長をしていきたいという会社もあるでしょう。このちがいは、すべて会社の価値観・経営者の考え方によります。年輪経営で有名な伊那食品工業（創業者・塚越寛最高顧問）は、社員の幸せを第一に考える経営理念(*)の

実践により、結果として、前人未到の48年連続増収増益を達成しています。

(*) 経営理念

　　企業は社員の幸せを通して社会に貢献すること

　　〜企業は企業のためにあるのではなく、

　　　企業で働く社員の幸せのためにある〜

　コロナ禍でわかったことは、苦しいときほど会社は従業員に支えられているということを実感したことではないでしょうか。

　「従業員の多様な働き方を尊重するなど従業員の幸せを第一に考える経営（従業員の人生・生活まで配慮する経営）を目指した結果、持続的成長を果たせる」

　上場企業においても、このような理想を追い求めることがあってもいいと思います。

従業員の幸せ追求から持続的成長へ

第8章　まとめ

本章のまとめは以下の点になります。

○パブリックカンパニーにとっては、持続可能経営が今後益々重要
　になる

○持続可能経営とは、３つの経営テーマを実践することにより、持
　続可能性と持続的成長を目指す経営である。そして最終的には持
　続成長を果たし中長期的な企業価値を向上することが期待される。

○持続可能経営のテーマ（キーワード）は３つあり、相互に関連し
　ている。
　　「SDGs」「ESG」「ステークホルダー主義」
　　ESG の ES は SDGs と密接に関連しており、ESG の G はス
　テークホルダー主義と密接に関連している。

○ SDGs や ESG は、本業に結びつけ本業の一環として、実践する
　ことが重要である

○持続的成長を果たし中長期的な企業価値を向上するには、持続成
　長バリューマップを活用することが有効である。

参考文献

『永続企業を創る！戦略バランスとレバレッジ会計マネジメント』星野雄滋著　同文舘出版

『「バカな」と「なるほど」』　吉原英樹著　PHP 研究所

『経営会計 – 経営者に必要な本物の会計力。』　星野雄滋著　ロギカ書房

『Amazon、IKEA、Apple から学ぶ企業成長の方程式～独自経営モデル』星野雄滋著　ロギカ書房

あとがき

　読者の皆さま、最後までお読みいただきましてありがとうございました。

　「役員一年目の教科書」という世の中にあるようでない初めての本の執筆は、試行錯誤の中、始まりました。教科書としての専門的な解説ということに配慮しつつ、これまでの役員の方とのお付き合いやご支援の経験をふまえてのコンパクトな経営実務を目指しました。

　また、職務上は本書に記載以外の知識が必要となるでしょうが、「経営者」としての肝の部分、代表的な経営テーマについては、可能な限り、反映したつもりです。

　至らぬ点も多々あるかと思いますが、ぜひ忌憚のないご意見をお寄せいただければ幸いです。

　本書が、役員１年目の皆様にとって、これからの経営の一助となりますことを心より願っております。

　最後に、本書出版の機会を創っていただいた株式会社ロギカ書房の橋詰社長には、この場をお借りして、厚く御礼申し上げます。

　なお、本書に記載された事項は執筆者の私見であり、執筆者の所属する法人等の公式見解ではないことをお断りしておきます。

　2018年10月吉日

　2021年３月吉日（新版執筆）

星野雄滋

矢澤　浩

松林和彦

三村健司

高橋　勲

著者プロフィール

星野 雄滋（ほしの ゆうじ）

1987年3月慶應義塾大学経済学部卒業後、同年10月サンワ等松青木監査法人（現 有限責任監査法人トーマツ）に入所。2001年6月監査法人トーマツ パートナー就任。2019年6月独立開業。

現在、星野雄滋公認会計士事務所所長、中堅・ベンチャー企業の社外役員、経営顧問、幹部研修講師として活動している。

専門分野：
　「持続的独自成長、独自性×会計、人財育成」
モットー：
　「感謝に敵なし・反省に終わりなし」
　「絶えず本質を追求し、難しいことをわかりやすく、シンプルイズベストを実現する」
主要著書：
　『Amazon, IKEA, Apple から学ぶ企業成長の方程式～独自経営モデル～』（ロギカ書房）
　『役員1年目の教科書』（ロギカ書房）*1
　『経営会計－経営者に必要な本物の会計力。』（ロギカ書房）*2
　『永続企業を創る！戦略バランスとレバレッジ会計マネジメント』（同文舘出版）
主要記事：
　「私見卓見～長期志向経営を実現するには～」（日本経済新聞　2019年3月29日）
　「私見卓見～働き方改革の成否握る経営目標～」（日本経済新聞　2018年3月5日）
　「私見卓見～企業の価値観が不正を防ぐ～」（日本経済新聞　2016年12月14日）

* 資格の学校 TAC にて、本書を題材にした以下の講座の講師を担当
　　1　「役員になる人のための経営マネジメント（経営戦略編）講座」
　　2　「会計力マネジメント（持続的成長編）講座」
本書担当執筆：第1章、第4章⑥とコラム、第7章、第8章

矢澤　浩（やざわ ひろし）

有限責任監査法人トーマツ 監査・保証事業本部 ディレクター・公認情報システム監査人・税理士（個人会員）

1987年中央大学大学院商学研究科博士前期課程修了。同年、デロイトのコンサルティング部門に入社。2006年監査法人トーマツに入所。経営管理全般に関するに関するコンサルタントとして、大企業、中堅企業等に対して経営計画策定、経営管理制度、情報システム構築等に関するアドバイザリー業務を実施。東日本地域の地区事務所におけるアドバイザリー業務、コンサルティング業務の責任者。企業研修チームリーダー。

本書執筆担当：第6章

松林 和彦（まつばやし かずひこ）

有限責任監査法人トーマツ 監査アドバイザリー事業部 ディレクター

1998年国際基督教大学教養学部卒業後、2000年に監査法人トーマツ（現 有限責任監査法人トーマツ）に入所。

組織・人事領域のコンサルティングを中心に、株式上場支援や業績管理制度高度化等の経営管理基盤構築の経験を豊富に有する。

専門分野：「組織改革」「人事制度改革」

モットー：「運用が全て。常に運用できるかを意識しながら汗をかき、魂を込める」

主要著書：『会社を成長させる5つのアクション』（中央経済社）、『これですべてがわかる IPOの実務』（中央経済社）、『原価計算が病院を変える』（清文社）

本書執筆担当：第2章

三村 健司（みむら けんじ）

有限責任監査法人トーマツ 監査・保証事業本部 AIDC シニアマネージャー・公認会計士

慶應義塾大学経済学部卒業後、事業会社にて貿易実務の経験を経て、会計士試験にチャレンジ。2次試験合格後監査法人トーマツ（現 有限責任監査法人トーマツ）に入所。

中堅上場企業の監査や上場準備会社に対する監査やIPO助言指導業務に従事するとともに中堅中小企業に対する管理会計の導入・原価計算の構築・中期経営計画の策定支援等や現場リーダー育成支援・問題解決支援等のアドバイザリー業務にも従事。

一貫して、中堅、中小企業の成長支援に従事。

本書執筆担当：第3章、第4章、第5章

高橋 勲（たかはし いさお）

デロイト トーマツ税理士法人 パートナー・公認会計士・税理士

2001年10月 監査法人トーマツ（現 有限責任監査法人トーマツ）入所。2005年5月 公認会計士登録。

上場企業等の法定監査業務、上場準備支援業務に従事。

2011年10月 税理士法人トーマツ（現 デロイト トーマツ税理士法人）入所。2012年5月 税理士登録。

上場企業・中小企業の法人税等の申告業務、税務調査対応の他、組織再編成、国際税務に関する相談、税務デューデリジェンス、並びに経営承継支援等のサービスを提供している。

税制改正セミナー、消費税改正セミナー、税務基礎力養成講座、株式上場研究会、事業承継セミナー等の講師を務める。

その他、大手会計ソフトベンダー主催セミナー、企業内研修の講師経験を多数有する。

主要著書：『Q&A 事業承継をめぐる非上場株式の評価と相続対策 第10版』（共著 清文社）

本書執筆担当：第3章④役員がおさえるべき税務のテーマ

新版 役員1年目の教科書

初版発行	2018 年 12 月 10 日
新版発行	2021 年 5 月 10 日
2 刷発行	2021 年 12 月 10 日
3 刷発行	2022 年 3 月 10 日
4 刷発行	2022 年 6 月 20 日
5 刷発行	2022 年 11 月 10 日
6 刷発行	2023 年 2 月 6 日
7 刷発行	2023 年 6 月 10 日

著　者　星野雄滋／矢澤　浩／
　　　　松林和彦／三村健司／
　　　　高橋　勲

発 行 者　橋詰 守

発 行 所　株式会社 ロギカ書房
　　　　　〒 101-0052
　　　　　東京都千代田区神田小川町 2 丁目 8 番地
　　　　　進盛ビル 303 号
　　　　　Tel 03 (5244) 5143
　　　　　Fax 03 (5244) 5144
　　　　　http://logicashobo.co.jp/

印刷・製本　藤原印刷株式会社

978-4-909090-57-7　C2034